天御祖神《あめのみおやがみ》文明の真実

行基菩薩《ぎょうきぼさつ》、洞庭湖娘娘《どうていこニャンニャン》、堯《ぎょう》・舜《しゅん》・禹《う》の霊言

大川隆法
Ryuho Okawa

まえがき

有色人種の中で、なぜ日本人にだけ、徳治政《とくちせい》や、物づくりの精神、勤勉の精神、神仏への信仰心がとぎれたことがなかったのか。汚《けが》れを嫌い、心の清らかさや礼《れい》節《せつ》、和の精神が生まれたのか。

本書は、これらの源流を明確にしているだろう。

日本文明はわずか三千年たらずのものではないのである。しかも、百五十年ほど前に、明治維新が起きて、西洋化、近代化が進んだわけではないのだ。

本書では、天御《あめのみ》祖神《おやがみ》という方が、宇宙から、三万年前の日本に降臨《こうりん》し、現代日本文明の祖となったこと。中国文明の祖ともなったこと。ムー文明やアトランティス文明にも影響を与えたことが明らかになっている。

古事記、日本書紀以前のホツマツタヱや竹内文書《たけのうちもんじょ》に出てくる天御祖神は、本当に実在したのだ。

二〇二一年　十一月十六日

幸福《こうふく》の科学《かがく》グループ創始者兼総裁《そうししゃけんそうさい》　大川隆法《おおかわりゅうほう》

天御祖神文明の真実　目次

第一部　天御祖神《あめのみおやがみ》の実在論

――行基菩薩《ぎょうきぼさつ》の霊言《れいげん》――

二〇二一年六月二十日　収録
幸福の科学 特別説法堂《せっぽうどう》にて

第2章 堯の霊言

――礼《れい》・智《ち》・信《しん》・義《ぎ》・勇《ゆう》の心――

二〇二一年六月二十一日 収録
幸福の科学 特別説法堂にて

第3章　舜の霊言

――刻苦勉励《こっくべんれい》の心と大将の器《うつわ》――

二〇二一年六月二十一日　収録

幸福の科学 特別説法堂にて

第4章　禹の霊言
――中国に降りた繁栄《はんえい》の神――

二〇二一年六月二十一日　収録
幸福の科学 特別説法堂にて

「霊言現象《れいげん》」とは、あの世の霊存在の言葉を語り下ろす現象のことをいう。これは高度な悟《さと》りを開いた者に特有のものであり、「霊媒現象《れいばい》」（トランス状態になって意識を失い、霊が一方的にしゃべる現象）とは異なる。

なお、「霊言」は、あくまでも霊人《れいじん》の意見であり、幸福の科学グループとしての見解と矛盾《むじゅん》する内容を含《ふく》む場合がある点、付記しておきたい。

第一部　天御祖神《あめのみおやがみ》の実在論

――行基菩薩《ぎょうきぼさつ》の霊言《れいげん》――

二〇二一年六月二十日　収録

幸福の科学　特別説法堂《せっぽうどう》にて

行基《ぎょうき》（六六八〜七四九）

奈良《なら》時代の僧《そう》。和泉国《いずみのくに》（大阪府《おおさか》）の生まれ。十五歳《さい》で出家《しゅっけ》し、道昭《どうしょう》や義淵《ぎえん》に法相宗《ほっそうしゅう》を学ぶ。民間布教《ふきょう》に努め、諸国を行脚《あんぎゃ》して説法《せっぽう》するかたわら、寺院の建立《こんりゅう》、堤防《ていぼう》の修理、橋梁《きょうりょう》の架設《かせつ》、貯水池の設置など、社会事業にも尽力《じんりょく》。これらは一時、朝廷《ちょうてい》によって弾圧《だんあつ》されるも、後《のち》に聖武《しょうむ》天皇の帰依《きえ》を受け、東大寺《とうだいじ》の大仏造立《ぞうりゅう》の勧進《かんじん》に起用される。その功績が認められ、七四五年、日本最初の大僧正《だいそうじょう》に任命された。人々から絶大な支持を得て「行基菩薩《ぼさつ》」と呼ばれた。

［質問者はAと表記］

〈霊言《れいげん》収録の背景〉

本霊言は、「天御祖神《あめのみおやがみ》」について研究するため、天御祖神と関係があるとされる行基菩薩にお話を伺《うかが》うべく収録された。

1　行基《ぎょうき》に「天御祖神《あめのみおやがみ》」について尋《たず》ねる

行基の〝出身星〟は「理念経済学の星」

大川隆法　行基菩薩《ぎょうきぼさつ》、行基菩薩、行基さんよ。どうか天御祖神《あめのみおやがみ》文明についての知見をお示しください。行基さんよ。行基さんよ。

（約十秒間の沈黙《ちんもく》）

行基　行基です。

質問者Ａ　ありがとうございます。今、天御祖神様について、いろいろと研究を進めているところなんですけれども、「行基菩薩様もきっとご存じなのではないか」と思いまして、今日、お話を少し賜《たまわ》ればと思います。

行基　それは重要な仕事だと思います。資料が少なすぎますので、「天御祖神」と題した本とかをもう少し出して、検索《けんさく》すれば、それがみんなに分かるような感じに、なるべくしていかないと、議論にならないんですよね、そもそも。

質問者A　そうですね。

　地上的には、行基様は奈良《なら》の大仏を建ててくださいまして、それで、去年、草津《くさつ》の赤鬼《あかおに》さんともご縁《えん》ができたんですけれども（注1）、赤鬼さんは、「そもそも行基様の弟子《でし》の一人である。大仏建立《こんりゅう》も手伝わせていただいた。でも、辿《たど》っていけば、天御祖神様がそのもっと上にいらっしゃるはずだ」ということをお

『鬼の研究』（宗教法人幸福の科学刊）

っしゃっていたので、そこからも、「行基様は、たぶん天御祖神様のことをご存じなのではないか」と思ったのです。

それと、もう一つ、二〇一九年、一昨年《おととし》の五月に、高田馬場《たかだのばば》の会場で、民主主義についてのご対談を大川隆法総裁はしてくださっていて、行基様も霊的《れいてき》に支援《しえん》してくださっていたんですけれども、そのとき行基様関連のUFOが出てきまして、写真に撮《と》られています。

霊査《れいさ》したところによると、行基様の宇宙の出身星は、天御祖神様の本拠地《ほんきょち》の一つ、小マゼラン星雲の「エメラルド星」とのことです。

行基　うん。いい名前だね。

質問者A　はい。「資本主義精神の源流となった、理念経済学の星です。この星には、大きな金の大仏があります。

『「UFOリーディング」写真集3』（幸福の科学出版刊）

（ＵＦＯの）リーダーは日本語で『徳治の神』と称《しょう》しています。ハニワ型です」とありますので、この観点から見ても、「行基様は天御祖神様とつながっているのではないか」と思いました。

ぜひ、行基様から見た天御祖神様を、少しでも教えていただければと思います。

行基　まあ、資本主義がねえ、今、行き詰《づ》まりつつあるからね。だけど、私も「資本主義の神」ではあるんでね。だから、バブル型資本主義じゃないので。バブル型でない資本主義を教えているので、ええ。

そういう使命が一つあるし、もう一つは、「その資本を、一部、信仰《しんこう》の形態に置き換《か》えなければいけない」という考え方を持っているわけです。「神ないし仏、神仏なき資本主義的発展には意味がない」という考えを、もう一つは持っているわけね。

質問者A　なるほど。

行基　だから、今、中国なんかが「神仏なき資本主義的発展」をやろうとしているが、「それには意味がない」ということです。それは、結局、軍事独裁なんかのためのお金になっていくだけで、民《たみ》を苦しめたり、他国を侵略《しんりゃく》したりするための富であり、そのための発展ということになるんでね。

そういう方向を目指しているわけではなくて、大仏なんかの建立もまた、国家をやっぱり守護し、何て言うか、鎮護《ちんご》し、国家に神仏にとどまっていただくことを願うためにするわけであり、「そうした、神仏を願う心を持っている人が数多いということが、徳のある国民ということにもなるのだ」と。

「徳のある国民を攻《せ》めたら、それは、攻めたほうが敗れ去るであろう」というのは、仏陀《ぶっだ》の教えでもあられるわけでね。

天御祖神と共に地球にやって来た

質問者A　大仏様は、いわゆる仏陀、釈尊《しゃくそん》なわけなのですが、見ていて、釈尊が大きくなると天御祖神様の姿にも見えるところもあるのです。行基様は、釈尊はもちろんだと思うんですけれども、天御祖神様からはどんな教えを受けておられたのでしょうか。

行基　大仏が大きいのはねえ、何て言うか、偉大《いだい》さを表現するには、ほかに方法はないんでね。

何百メートルもあると、ちょっと届かないしね。つくる範囲《はんい》内では、数十メートル、まあ、二、三十メートルぐらいまでしかつくれないのでね。今の技術なら、もうちょっと高くつくれるかもしらんけれども。

まあ、そういうことではあるから、その偉大さを表すためには大きくならざるをえないし、霊体自体《れいたい》は大きいしね、どうせ。そういうこともあるんだけど。

これ、唯物論《ゆいぶつろん》で見ればね、「これは金属でつくってあり、青銅の大仏なんて、ただの、がらんどうの青銅じゃないか。値打ちはない」ということになるし、罰当《ばちあ》たりのイスラム教的な軽い信仰でもっても、これを、「物を拝《おが》むのは何事か」と言って大砲《たいほう》で撃《う》ち壊《こわ》すことになるからね。彼らは「形を通して精神を見る」っていうことが分からない人たちだからね。でも、何もなしで空気だけを拝むわけにはいかないからねえ。「そういうものは必要だ」という考えだよな。「精神統一のためにも必要だ」ということです。

それで、何が訊《き》きたかったのかな？　大仏が？

質問者A　「行基様経由で天御祖神様に迫《せま》れるのではないか」という……。

行基　うーん。まあ、それはちょっと……。行基は、奈良の大仏と、四国のお寺とか近畿《きんき》辺のお寺を建てたっていう、そういうもとにはなってはおるけれども、それはずいぶんはるか昔のことであるので、私の認識が十分及《およ》ぶかどうかは分からない。十分に語り尽《つ》くせるかどうかは分からない。

質問者A　すみません。「行基様、天御祖神様、宇宙」と出てきて、ちょっと混乱する方も出てこられると申し訳ないんですけれども、やはり「事実はある」と思うので、いろいろお訊きさせていただくことができれば、ありがたいなと思うのです。

今のところだと、「宇宙ルーツでも、天御祖神様の本拠地の一つに行基様もいらっしゃったことがある」ということですが、共に日本のいろいろな精神の源流をつくられているので、天御祖神と一緒《いっしょ》に日本に来られたのではないでしょうか。

行基　まあ、この世の行基信仰も多少あることはあるので……。

質問者A　そうですよね。

行基　「あまり破りすぎては申し訳ないかな」と。

質問者A　「飛躍《ひやく》しすぎる」と。

行基　そうした、歴史的な行基とか、史実に遺《のこ》っている行基とか、仏像とか、その他を通して行基を知ろうとしている人たちにとっては、あまり破天荒《はてんこう》なことを言うと、期待外れになっちゃいけないので、若干《じゃっかん》、遠慮《えんりょ》がないわけではないんだけどね。それは、弘法大師空海《こうぼうだいしくうかい》が中国語でなくて英語をしゃべり始めたような感じでしょうからねえ。

質問者A　ただ、「日本の本当にあった歴史として、富士《ふじ》王朝が、今遺っている

『日本書紀《にほんしょき》』や『古事記《こじき》』に書かれている歴史よりも、さらに前にあったはずだ」と。

行基　ああ、ありましたよ。

質問者Ａ　はい。やっぱり、そこもご存じですか。

行基　ええ、ええ。もう、それは認めますよ。〝ジョイン〟して一緒に来ています、はい。

質問者Ａ　そうですよね。

行基　はい。

質問者Ａ　という流れなのかな、と思いまして。

行基　ええ、ええ、ええ。だけど、行基が宇宙人であるよりは、大工《だいく》の仲間であってほしいと思う人が多いからねえ。
　私はねえ、金属加工が得意なんですよ、基本的には。

質問者Ａ　そうなんですか！

行基　金属加工のほうが得意でしてね。だから、私がいない時代には金属加工の技術が落ちていくんですよね。

質問者Ａ　あっ、富士王朝では……。

行基　そうなんですよね。

質問者A　今はない金属が発展していたと、この間、お話があったんですけれども。

行基　だからねえ、いや、言いにくいんですけどね。とっても言いにくいんですけど、いや、UFOとかもつくっていたんですよ（笑）。

質問者A　（笑）いや、面白《おもしろ》すぎます。

行基　だから、すごく言いにくくってねえ。もう、カルト扱《あつか》いをされると困るからさ、言いにくいんですけどね。

質問者A　でも、行基様として生まれられたときも、単に、お布施《ふせ》を集めて全国を回っていたとか、大仏をつくって土木事業をやっていたとか、それだけじゃなくて、五千人の聴衆《ちょうしゅう》を集めて説法《せっぽう》されていたとか、今から見ても、かなりカリスマ的なお仕事もされているので……。

行基　だから、理数系も強い坊《ぼう》さんだよね。理数系っていうのは、理のほうは、そういう、金属加工ができる、物理・化学のほうは、わりあい得意なところもあって。数字のところでは、経営の計算とか、そういうのができる。あるいは、国家の予算とか、そういうのが組めたり。
そういうのを御祖神にやらすわけにもいかないのでねえ、私なんかがやっていたということですね、ええ。

天御祖神の住まいは、どのようなものだったのか

質問者A　行基様ご自身も、日本にもまださらに転生《てんしょう》が、古くはおありになるとは思うんですけれども……。

行基　それはあるだろうけど、歴史がないから名前が出せないよね。

質問者A　そうですね。その富士王朝のときには、最初に天御祖神様が富士山に降り立ったとき、一緒に来られた感じだったと考えてよろしいですか。

行基　ええ。まあ、あえて名を名乗るとしたら、「天御《あめのみ》助神《たすけのかみ》」とか、そのくらいの感じだね。

質問者A　御助神。

行基　御助《おんたす》ける、御助《おんたす》け神《がみ》っていうか。

質問者A　じゃあ、「天御祖神様のお近くで、そのお手伝いをしていた」と。

行基　何人か重要な役割をしている人はいたと思うけど、武人のほうの系統ではない。そういう人も必要だけどね。武人も要《い》るけれども、先ほど言ったように、「金属加工系」と、そして「予算系統」と、「事業企画《きかく》を立ててそれを完成させる、竣《しゅん》工《こう》させたりする」のが得意だったので、富士王朝での都市計画、および、そうした信仰の形態のかたちをつくったりすること、こういうことをやっていた。

今の富士には火山灰に埋《う》まった所があり、さらに樹海があるけれども、その下をねえ、おそらく、百も二百も掘《ほ》れば、あるいは、もっと掘らなきゃいけないかもしらんけど、何百メートルかを掘れば、痕跡《こんせき》は出てくるとは思うけどね。
そのなかには、言いにくいんですが、いや、ピラミッドに当たるものもつくったんですよ、金属でね。

質問者A　金属で？

行基　うん。ピラミッドに当たるものもつくって、そのなかに御祖神のお住まいをつくりました。

質問者A　へえー。あっ、じゃあ、「天御祖神様のお住まいはピラミッド型だった」と。

行基　金属でできている。

質問者A　金属の。それは金色系に見える……。

行基　だから、それを言うと、「アルファ」かと思うよね（注2）。

質問者A　ああ、なるほど。

行基　けっこう似ているし、エジプトの源流でもあるし、マヤの源流でもあるよね。

質問者A　けっこう巨大《きょだい》な……。

行基　基本形があるんですよ。やっぱり、そういうピラミッド型になると、宇宙のエネルギーを集めやすいし、

『アルファの時代』（宗教法人幸福の科学刊）

アンテナにもなるので、地球から宇宙にいろんな交信をするときに、その念力《ねんりき》を増《ぞう》幅《ふく》させる力があるんです。

日本だけの神でもないし、地球だけの神でもないので、宇宙からも、いろいろとやっぱり来訪者はあるし、来訪する代わりに、もう今のスマホの代わりに電話もしなきゃいけないのでね。だから、〝大仏殿《でん》〟をつくりましたよ。

質問者A　なるほど。富士山も、見ようによったら、そういう形に似てはいますものね。

行基　そうだよ。

質問者A　富士山の麓《ふもと》にその神殿があった感じですか。

行基　うーん。今とだいぶ形が違《ちが》っているから、一緒とは言えないけれどもねえ。そうだねえ、いやあ、それを全部明かしていいのかなあ、分からないなあ。静岡《しずおか》県側と山梨《やまなし》県側とに基地があって、両方をつなぐものもあったんですよね。

質問者Ａ　つなぐもの？

行基　うん。両方、季節によって、こう……。山梨県側のほうは、富士五湖《ふじごこ》等が見える方向に、どちらかといったら、瞑想《めいそう》とか研修とか「保養・静養用の御殿《ごてん》」を建てて、静岡県側のほうに、「政治・政《まつりごと》用の御殿」を建てた。

質問者Ａ　なるほど。

天御祖神様って二十五メートルぐらい身長があったんですか。

行基　来たときは大きかったとは思いますよ。ただ、地球の……。

質問者Ａ　地球に来てから、ちょっと……。

行基　だから、転生するときには〝肉体の入れ物〟を替《か》えなきゃいけなくなるからねえ。来たときは、そのくらいありましたよ。現実にねえ、あったと思いますよ。だけど、地球の食料事情を見て、やっぱり変えなきゃいけないんでね。地球人自体はまだそう大きくはなかったですね。でも、今の人類よりちょっと一回り大きいぐらいの人類はいたと思います。

質問者Ａ　なるほど。じゃあ、着地されてから、しばらくして、ちょっと小柄《こがら》にはなられた感じですか。

行基　いや、人間として生きておられた段階では、ある程度の大きさは持っておられた。

なぜかというと、もう、かなり少なくはなっていたけれども、まだ……。御祖神も、その前に来ているときがあるから、地球に――そのときとかは恐竜《きょうりゅう》とかがたくさん徘徊《はいかい》していたので、それに対応するためには、ある程度の大きさを持っていないと何かのときに困るので、その大きさで来たら、もう恐竜とかはだいぶ少なくなっていた。大きな生き物はまだ少しいたけれども、食料事情で、そんなにもう数がいなくなっていたってことだね。

質問者A　なるほど。

行基たちが当時の日本に来た目的とは

質問者A　最初、来られたときの日本の感じについてですが、原住民と言ったらいいのか、その人たちは、どんなレベルの生活をしていたんですか。

行基　それは「キングコング」の髑髏島《どくろとう》みたいな感じなんじゃないですかね。

質問者Ａ　わりと原始的。

行基　御祖神を祀《まつ》って、みんな、ああいう人々は……。

質問者Ａ　ああ、なるほど。

行基　いろんな入れ墨《ずみ》をしたり、いろんな色を塗《ぬ》っておりましたよ。

宇宙から来た人とね、地球に……。

質問者A　あらかじめいた人。

行基　土着している人。まあ、昔の教えもあるんだけど、ちょっと忘れているからね。

なかにはシャーマン的な人もいるし、シャーマンが当時はちょっと通訳みたいなかたちでもあったので、宇宙から来た人の言葉を通訳したりする役割をして、それを地上での仮王《かりおう》に立てるあたりはしていたよね。地球の人を治めるのに地球の人を使わなきゃいけないから。

質問者A　なるほど。でも、「その方を通して、いろいろな徳の教えを伝えるとか、金属を含《ふく》め、文明がちょっと進むとか、そういう効果があった」という感じですか。

行基　うん。だけど、ちょっと、金属的なものには地球ではまだ採掘《さいくつ》できないものもあって、宇宙から持ってこなきゃいけなくてね。だから、最初のうちは使えていたけれども、あと補給がつかないので、やっぱり、地球のものを使わなきゃいけないことが多くなってきた。

持ってきた金属もだいぶ使ったんだけどね。それは長く耐久性《たいきゅう》もあったものではあるんですけど、今はもう火山灰の下に埋もれていますね。

質問者A　そのとき、行基様はどんなお姿でしたか。いちおう「人型」？

行基　いちおう訊きますか。ジャーナリスト的才能をお持ちになってきたようで。

質問者A　いえいえ。

行基　御祖神は二十五メートルですので、お話ができるぐらいはなければいけないけど、大きすぎてはいけないぐらいにはなりますよね。だから、十メートルぐらいの大きさはありました。

質問者A　いちおう、「基本原型は肌色《はだいろ》の皮膚《ひふ》を持っている」という感じですか。

行基　まったく人間と一緒というよりは、「ハニワ型」って言っているように、ちょっと人間に近いですよね、形は。

質問者A　そうですね。人間……。

行基　近いけど、今で見れば、〝未来のロボット〟が歩いているように見えたかもしれません。

質問者A　「ドラえもん」ではないけど。

行基　宇宙から来たものは、やっぱり、地球に適合するまでは、そのままではちょっとできないので。

最初はですねえ、空気の調合もしなきゃいけなかったので。ええ。地球の空気を、空気清浄器《せいじょうき》を使って、自分たちの生存に適するように、ちょっと変えなきゃいけなかったのでね。

いやあ、けっこう技術が要《い》ったんですよ、いろんなかたちで。

質問者A　ただ、ロボットではなかったんですよね。

行基　ロボットではないけど。

質問者A　けど、見た目が……。

行基　いやあ、「全部、素《す》っ裸《ぱだか》でいるわけにはちょっといかないことは多かった」っていうことです、最初はね。

だから、地球に適応するために、自分の肉体改造等を、当時の医学、私たちが持っている医学に合わせて、やっぱりやろうとしている。ああ、これ、「X《エックス》-MEN《メン》」だね。改造しようとはしていましたけどね。

質問者A　へえー。そのときに地球に来られた目的というか……。

行基　いや、ときどき来ているんですけどね。ただ、ずっといると、われわれも原始人化することがあるから、（母星に）帰らなきゃいけないときもあってね。地球のほうに誰《だれ》かは来ているからね、「そろそろ、次の、来てくれ」っていう感じが、来ることは来るので、それで。

質問者A　やっぱり、神の御心《みこころ》として、地球にも、もう少し、より進んだ文明や考え方……。

行基　だから、われわれが来たときは、「この日本の国に高い文明をつくりたい」っていう、そういうあれはあったからね。

質問者A　なるほど。

行基　その目的で来ましたけどね。だから、「中国を含むユーラシア大陸の文明と、南のほうの南海、南の海、南海文明とを橋渡《はしわた》しするような文明をつくろう」という考えでしたね。

質問者Ａ　なるほど。

天御祖神が地上に出る時代の特徴《とくちょう》とは

質問者Ａ　ちょっと話が飛んで申し訳ないんですけど、今、もう一人、Ｒ・Ａ・ゴール様って、いらっしゃるじゃないですか（注３）。

行基　はい、はい。

質問者Ａ　Ｒ・Ａ・ゴール様と天御祖神様って、どんな感じの関係でしょうか。もとを辿《たど》れば一つにいくと思うんですけど。

『Ｒ・Ａ・ゴール　地球の未来を拓く言葉』（幸福の科学出版刊）

行基　大仏にしちゃえば一緒ですけどね。

質問者Ａ　そうですよね。一緒ですものね。

行基　もとは一緒ですが、ちょっと、やっぱりねえ、インドのその像と一緒でね、顔が幾《いく》つかあるんですよ。だから、「どの顔ですか」ということなんですよね。

質問者Ａ　そのときに、「どういう個性をより強く出すか」みたいな感じでしょうか。

行基　うん、まあ、「どういう文明をつくるか」っていうことでもあるわけですよ。目標、どういう計画で文明をつくるかによっても、その説き方が違うし、だから、考え方を変えますから。

ただ、〝十一面観音《かんのん》〟風に幾つか顔があるので、その顔の一つを、「御祖神」と呼んだり……。

質問者A　「R・A・ゴール」とか……。

行基　「釈尊」とか「R・A・ゴール」とか。R・A・ゴールは、「釈尊が宇宙人だったら、どうなるか」っていうような感じですよね。

質問者A　なるほど。天御祖神様は？　あっ、ラ・ムー様ってこと？（注4）

行基　ラ・ムーと一緒かどうかは分からないですけどね。

少し違うところはあるから。

『公開霊言　超古代文明ムーの大王　ラ・ムーの本心』（幸福の科学出版刊）

質問者A　なるほど。
天御祖神様の姿で出たときには、どんな特徴《とくちょう》が強くなるとか、あるんですか。

行基　うん？

質問者A　どんな特徴が強くなるときが天御祖神様なんですか、考え方として。

行基　そうですねえ、やっぱり、男性は、ちょっと凜々《りり》しくなる傾向《けいこう》はあるような気がしますね。
それと、やっぱり、人は、放置すると、とにかく争い事を好んで起こす傾向があって、「われこそは」ということで、天狗《てんぐ》がいくらでも出てくる感じがあるので、そのなかで、やっぱり、「徳のレベルを見分けて、正義の秩序《ちつじょ》を立てる」というようなことが大事ではあったかなあとは思いますがね。

だから、御祖神様は、釈尊の魂《たましい》グループとして見た場合にはですね、比較《ひかく》的、何て言うか、「強いタイプの方」ではあるのです。

三万年前には、(恐竜は)まあ、少しいただけで、ほとんどもういなくなってきてはいたけれども、恐竜時代なんかだったら、本当に、ちぎっては投げ、ちぎっては投げするぐらいの力はお持ちだった。

質問者A　やっぱり、アルファ様みたいな雰囲気《ふんいき》にちょっと似ている感じですかね。

行基　そうですね。

質問者A　何か、歩く感じも、「ドーン、ドーン、ドーン」って歩いている。

行基　もうちょっと強敵がいっぱいいるような所でも、着陸して治めることができるような、そういう面を持っておられた。

だから、仏陀のときには、もう、そういう感じではなくて、もっともっと自分を投げ出す……。

質問者A　心の教えとか。

行基　「慈悲《じひ》」の教え、そういう、愛や優《やさ》しさが出てくるし、「反省」という内向的な教えが強いですよね。だから、それに比べれば、やや外向的というか、外に向かって、やはり、間違っているものを直させて、あるいは、「邪悪《じゃあく》なるものは滅《ほろ》ぼす」というような、はっきりした考え方は出す人で。

まあ、両方やるんですよ。やっぱり、どうしても、両面を持っていないといけない。

質問者A　同じ存在なんだけど、「両面を持っていないと、統治、秩序、宇宙の平和を護れない」というところですか。

天御祖神が持っていた「金剛身《こんごうしん》」と「スーパーパワー」

行基　うん。そういうことで、両方要るんです。

だから、邪悪なるものを増やそうとしたり、侵略や攻撃《こうげき》とかをしてくるものに対しては戦う。宇宙から地球に降り立ったとしても、宇宙からだって敵なるものが現れないとは限らないので、そのための備えも要ったし、地球でも、例えば、富士王朝をつくってもやっぱり地方での反乱とかがいっぱい起きてきますからね。そういう者たちに指導を与《あた》えなければいけませんからね。

本当に「金剛身《こんごうしん》」を持っておられました。

質問者A　金剛心？

行基　うん。金剛というのは「ダイヤモンド」のことですけれどもね。

質問者A　仏性《ぶっしょう》？

行基　ダイヤモンドのような体を持っておられた。

質問者A　ああ、金剛は体のほうですか。

行基　うん。鉄より強い。「金剛身」というのは鉄より強いんですよ。地上では今、鉄器ぐらいがいちばん強いでしょう？　鉄より強いんですよ、金剛身はね。

質問者A　本当にスーパーマンのような感じですね。スーパーマンは銃弾《じゅうだん》も通さないですからね。

行基　そうです。宇宙のレベルではそういうものもある。銃弾も通らないし、矢も通らないし、刀でも斬《き》れない「金剛身」を持っておられた。

そういうものが大仏のように歩いてこられたら、勝ち目はないですよね。

原始的な人たちにでも、好戦的な人や動物狩《が》り、猛獣《もうじゅう》狩りができる人たちはいたからね。

だから、そういう人たちの武器では通らない体を持っている。

「シベリア渡り」、あるいは「中国渡り」の人のなかには、虎《とら》狩りとかマンモス狩りもできる人たちもいたからね。そういう仕掛《しか》けをつくる人がいた。マンモスだったら、やっぱり五メートルぐらいは、五メートル……、もっとあったかもしれないけれども、大きさはあったたし、龍《りゅう》の原型に当たるようなものは、まだ多少、生息はしていた。大きな爬虫類《はちゅうるい》だよね、巨大な爬虫類。それはいたし、まあ、翼竜《よくりゅう》だね。

翼竜のようなものもまだ少しいたと思うんですよ。

質問者A　本当に「髑髏島《どくろとう》」のようです。

行基　うん。原住民たちも、そういうものとも戦っていたから、だから、それと戦う武器を持っていたんです。

翼竜なんかに対してはやっぱり、石と石を縄《なわ》で結んで、これを投石器みたいなもので撃って、そして絡《から》みつかせて墜《お》とすというものだね。これが「念力の光の輪」でないのは残念ですけれども、実際上、唯物的な戦い方もやっていましたし、石投げ機はありました。

それから、「穴を掘って下に槍《やり》をいっぱい植え込《こ》んでおくというような罠《わな》をつくる」とか、それから「獲物《えもの》を備えて、そこに仕掛けを仕掛けて捕《つか》まえる」とか、いや、古代人もいろいろやっていた。

だから、（天御祖神は）マンモスぐらいを相手にできる人たちに簡単に勝てるぐらいの力は持っていた、金剛身を持っていたので。これは星によってはもう、強靱《きょうじん》さのレベルは違いがあるんですよ。そういう強靱な体を持っておられました。

だから、地球の武器だと全然、通用しないし、武器が全然、何《なん》にも通用しないのは分かるけれども、それ以外に、もう一つは「念力のような力」「スーパーパワー」はあったですから、向こうの軍勢をもう、一吹《ひとふ》きで飛ばしてしまったり、あるいは、戦車みたいなものとかはあっても、そういうものは壊してしまうぐらいの、そういう力をお持ちでしたね。

（注1）地獄《じごく》に来た者の正邪《せいじゃ》を裁く執行官《しっこうかん》。エゴイストの人間を一喝《いっかつ》する役割を持ち、生きているときに悪さをして逃《に》げ延びた人間の自覚と反省を促《うなが》す。草津《くさつ》には千二百年前からかかわっているという。また、聖なる仕事をしている人たちに悪さをするものを処罰《しょばつ》し、幸福の科学にも協力してくれている。

（注2）地球神エル・カンターレの本体意識の一つ。三億三千万年前、文明実験の過程で、他の惑星《わくせい》から飛来した宇宙種の人類と地球系の人類との間で対立が起きたため、両者を一つの教えの下《もと》にまとめるべく地上に降臨《こうりん》し、「地球的真理」を説いた。また、映画「宇宙の法―黎明《れいめい》編―」（製作総指揮・大川隆法、二〇一八年公開）に、アルファの時代の様子が描《えが》かれている。

（注3）幸福の科学を支援《しえん》している宇宙存在の一人で、仏陀《ぶっだ》・釈尊《しゃくそん》の宇宙魂《こん》の一つ。宇宙防衛軍の司令官であり、メシア（救世主）資格を持つ。現在、大川隆法とし

て下生《げしょう》しているエル・カンターレを防衛する役割を担《にな》っている。

（注4）地球神エル・カンターレの分身の一人。約一万七千年前に太平洋上に存在したムー大陸に栄えた帝国《ていこく》の大王であり、宗教家 兼《けん》 政治家として、ムー文明の最盛期を築いた。

2　三万年前の「富士《ふじ》王朝文明」とは

天御祖神《あめのみおやがみ》が好んで食べたものとは

質問者A　先ほど「UFOもつくった」というお話があったのですが、その当時、富士《ふじ》王朝でも、まだ天御祖神《あめのみおやがみ》様たちが来られたときは「空飛ぶ乗り物」があったりしたのですか。

行基　ありましたね。日本のいろいろな豪族《ごうぞく》の所がありますので、そこを見に行くときに、やっぱり空飛ぶ乗り物を使っていたんです。

質問者A　なるほど。では、やはり「天御祖神様は実在した」ということですね。

行基　実在しましたね。だから、奈良《なら》の大仏が立ち上がったようなものですよ。もっと金ピカの、何かダイヤモンドのような、強い特殊《とくしゅ》な体を持たれた方です。
まあ、差し上げるものがね、食べ物がちょっと困りましてね。本当に、「どうしようか」と、もうみんなで考えて考えてして、食べ物もちょっと困ったんだ。地球の人が供えてくれるものが……。

質問者Ａ　小さすぎる？

行基　なかなか口に合わない。口に合わないのでね。御祖神の食べ物というのは、ちょっと困ったことがあるんです。私たちが持ってきたものを栽培《さいばい》したりもしてはいたんですけれどもね。

質問者A　例えば、そのときに（日本に）輸入されたものなどはありますか。今は遺《のこ》っているものは、もうあまりないですか。

行基　うーん、当時のものであるとしたら……、まあ、日本は意外に今よりももうちょっと温暖だったので、パイナップルとかヤシの実とか、そういうものはいっぱいありましたね。ココナッツとか、そういうものはありましたが、そのものずばりをお食べになるよりも、もうちょっと加工される傾向《けいこう》があった。加工してお食べになることがあったので。

まあ、レベル的に言うと、いろいろ加工して……、あと、小麦の〝根っこ〟に当たるもの、「もとになるもの」もあったと思いますが、ドイツのパン職人や菓子《かし》職人とかが総出でつくるような感じです。たまに、祭りのためにものすごく大きいお菓子をつくったりしていますけれども、あんな感じのものをつくって差し上げていた感じですかね。

だから、何十人分もの、ものを召《め》し上がる感じだったですかね。

質問者A　なるほど。

当時の日本の発明家たちがつくったもの

質問者A　今、日本の歴史というと、「天皇陛下《へいか》の歴史」でもあると思うのですけれども、富士王朝の時代はどうだったのでしょうか。その形態はまた違《ちが》ったのですか。

行基　まあ、ずばりの子孫《しそん》というよりは、〝酋長《しゅうちょう》を任命する〟というかたちで、それが天皇のもとでしょう?

宇宙の言葉を翻訳《ほんやく》し、あるいはテレパシーで受け取って民《たみ》に伝える、神の言葉を伝える人たちが、天皇の始まりですよ。

質問者Ａ　なるほど。やはり、神の御心《みこころ》を分かる方を選んで実際に統治をさせて、日本の国づくりを始められたということですね。

行基　うん、そう、そう、そう、そう、そう。
そして、方向性を与《あた》えて、彼らに習得できる範囲《はんい》内の技術は与えるが、それを超《こ》えたものは、ちょっと無理だと思うものについては、自分らは使っていたけれども、彼らには使わせなかったということですね。
だから、「天鳥船《あめのとりふね》伝説」とかも、まあ、ＵＦＯに乗せてもらった人は昔もいたので、そういう伝説は昔からあるけれども、彼らの感覚、目から見れば、翼竜《よくりゅう》に乗って飛んだような気分でいるんだろうと思うけどね。

質問者Ａ　ああ、現地の日本人から見ると、そういう感じで見えていたのですね？

行基　うん、見えているだろうと思うけれどもね。「鳥が空を飛ぶ」とは知っているから。

質問者A　なるほど。

行基　そういえば、そういう鳥型の飛行機のようなものにもトライしたことはあります。「地球で、鳥型の羽を動かして飛ぶものをつくれないか」ということにはトライしたことはあります。

これは、私の責任ではなくて、ほかの人ですけれども。トマス・エジソンみたいな人とか、そういうタイプの発明家たちはいたので、そういう人たちが、今の自転車をこぐようなかたちで、羽を動かして飛べる飛行機はつくれないかというようなことは、やっていました。

質問者A　では、「人としてどうあるべきか」という精神面の教えはもちろんのこと、本当に理系的な分野というか、日常生活に根差した文明のところも進化させてくださった感じなのですね。

行基　うん。それから、まだ当時の富士も火山活動を活発にしてはいたので、火山の熱で地熱《じねつ》発電みたいなものもつくっていたんです。地熱の高いところから電力に当たるようなものを取り出すということもやっていました。

天御祖神がいちばん喜ばれた温泉の巨大《きょだい》なお風呂《ふろ》

質問者A　お風呂《ふろ》は……。

行基　いや、お風呂は、御祖神がいちばんお喜びになられたものでね。火山性の温泉が湧《わ》いているので、「これだけは、地球はええ」と言っていました。

質問者A　ああ。では、もともと、いちおうお風呂の文化は日本にもあった？

行基　いや、だから、今、あの周辺に、静岡《しずおか》県周辺に温泉がいっぱいあるでしょう？

質問者A　ありますね。

行基　だから、それは、御祖神用の温泉風呂をつくりましたよ。

質問者A　三年前でしたか、私が夢を見させていただいたときに、近しい先輩《せんぱい》もお一人、同じ日に夢を見ていて、私が天御祖神様を夢で見ているときに、そちらの方は大きい檜《ひのき》（？）風呂の掃除《そうじ》をしなければいけなくて、「こんなおっきいお風呂に誰《だれ》が入るんだろう」という夢を見ていたとおっしゃっていました。なので、お風呂が好きだったのかなと思って……。

行基　ですからね、檜かどうか分かりませんが、まあ、大きな木ですよね。それで、地元の人たちがつくってくれるものは、木の大きな桶《おけ》をつくってくれる、湯船をつくってくれる。ものすごく巨大《きょだい》な穴を掘《ほ》って、それに木を張って、そこに竹筒《たけづつ》等で温泉の湯を運んで流れ入《い》るようにして、御祖神様用の特製風呂をおつくりになっていましたよ。上に葉っぱの屋根を付けてね。それは楽しみにしておられた。お風呂好きですね、釈尊《しゃくそん》もそうだが。

質問者A　釈尊もそうですよね。

アンドロメダとか、宇宙にいたときからお風呂に入っていたのでしょうか？

行基　いや、それは場所によりますね。そういうふうにしない所もあるので。本当にシャワーだけで過ごす所もあるし、いろいろだけれども、火山帯ではそういう温泉が湧くというので、それでちょっと富士山が気に入ったところもあるようではある。温泉が湧くのでね。だから、みんな今もそれで生活を立てていますけれどもね。
　御祖神に温泉でお風呂をつくってあげたら、とっても喜ばれた。

質問者Ａ　なるほど。それはよかった。日本の文化の一つですからね、やはり湯船に、お風呂に浸《つ》かるというのは。外国の方は、そこまでではないじゃないですか。

行基　そうそう。
　それは、だから、御祖神のお姿が仁王《におう》様に似ていると言われているけれども、本当に、褌《ふんどし》に近いものにすると風呂に入るのが簡単なのでね。

質問者A　なるほど。

行基　体は金剛身《こんごうしん》だから、ちょっとやそっとでは傷《いた》まないぐらいの体だったんだけれども、いちおう、湯船に浸かると神経が伸《の》びるというところもあってね。

湯女《ゆな》というか、湯女《ゆおんな》もいたことはいて、みんな、もう一寸法師《いっすんぼうし》ではないけれども、何かたらいのようなものを浮《う》かべて、それに乗って、今のトイレ掃除をするブラシみたいなもの、そういう巨大なブラシを持ってたらいに乗って、湯船に浮かんだままで体をこすってあげるみたいなことをしていましたよ。

質問者A　なるほど。大仏を洗う感じですね。

行基　たぶん、あなたの先輩に当たる女性なども、当時……。

質問者A　洗っていた？

行基　湯女《ゆな》の一人ですよ。だから、一生懸命《いっしょうけんめい》、大きな巨大たわしで、棒が付いているもので体をこすってあげていたんだと思いますよ。

質問者A　なるほど。本当に、けっこう体の大きさの違いはあったのですね。

行基　大きかった。本当に大きかった。
だから、肉体的に、天皇の先祖と思うのは間違いで、神なんですよ。神として来られて、地上にいるクロマニョン人か何か知らないけれども、今よりちょっと一つ型が違う、古いタイプの人類に対して、そのなかの王を命じる仕事はしておられましたね。

それで、一定の文化を遺して、まあ、この地上でどのくらいおられたかはちょっと分かりませんが、いったん、また帰られてはいるんですよね。いったん帰られている。

私どもも、「帰る場合」と「残る場合」と両方あるんですけれどもね。まあ、私どもは何度も出ていますけれども、御祖神クラスになると、そんなに簡単には来ませんので。ただ、今のテレワークみたいなものは昔もやっているので、別の星に帰られても、ちゃんと報告は申し上げているということですね。

質問者A　なるほど。

行基　材料が、原材料が手に入らないものが多いので変化していって、日本はどうしても、結局、木の文化に変わっていきました。「木の文化中心」になっていった。だから、遺跡《いせき》として遺りにくいんですよ。とても遺りにくい。

だから、木が豊富で、毎年、生《は》えてくるのでね。

質問者A　いや、面白《おもしろ》かったです。

五メートルの〝巨大ピザ〟もつくっていた

行基　お菓子でも、そういった大きい、何十メートルものお菓子だけれども、ピザを焼いたら大変なことになるんですよ。でも、それをやっていたんですよ。頑張《がんば》っていた。

質問者A　ピザはあったのですか？

行基　まあ、「ピザに似たもの」ですけれども。

質問者A　ピザに似たものはあったのですね。へえー。

行基　そういう、穀物に似たようなものですよね。そういうものを潰《つぶ》して粉にして、味付けして、焼くために、当時は石焼きをするんですけれども、石で大きな火窯《ひがま》をつくって、下から、木を燃やして火で焚《た》いて、その石の上にちょっと、鉄板とまでは言わないけれども、金属製の大きなものを乗せて、そこで粉ものを焼くんですよ。

だから、〝日本製ピザ〟は本当にあったんです。

それが御祖神になると、そうですね、そのピザでビンタされたらすっ飛んでしまうぐらい大きいものをお食べになっていましたね。

質問者A　お米はまだ入っていなかったのでしょうか？

行基　いや、お米も入ってはいましたよ。お米も入っていたと思いますよ。うーん、だけど、いろいろな穀物がまだあったようには思うので。まあ、まだちょっと洗練されていなかったですね。みんな、いろいろなものを食べている状態だったので。

そのピザ型のものは火を使うし、ちょっと技術が要《い》るので、やっぱり、やや時代を下ると、いったん廃《すた》れています。

質問者A　なるほど。

行基　今日、あなたたちはピザをお昼に食べるんでしょう、きっと。そのピザが五メートルぐらいあるのを考えてください。

質問者A　でも、確かに、今でも外国などで……。

行基　あるでしょう？

質問者Ａ　お祭りの日などに何百人分ぐらいのパンを焼いたり、ピザをつくって、みんなで食べているのですけれども、そういう感じだったのですね。

行基　そうそう。そういうことをするんですよ。もともと、大きいものは神に奉納《ほうのう》するもの。それから、鏡餅《かがみもち》みたいな、もう大きいものを奉納する。

質問者Ａ　はい、鏡餅ですね。

行基　でかい鏡餅ね。

質問者Ａ　最近、鏡餅を見ても天御祖神様を思ってしまうのですけれども。

3 天御祖神《あめのみおやがみ》の教えについて

「あらゆるところで手本になる型」をつくる天御祖神

行基　いちおう、日本の力士の〝もとの姿〟なんですよ。みんながまねしようとした。だから、神前《しんぜん》にて相撲《すもう》を取るというのをやっていて、余興でね。お風呂《ふろ》に入るだけではないので。土俵《どひょう》をつくって、人間が相撲を取るのを観《み》ておられたりもしました、鍛《きた》えるのをね。

そういう「相撲」や「柔道《じゅうどう》」に当たる、それのもとのようなものもやらせていたし、それ以外の刀、「刀剣《とうけん》類の使い方」等も教えてはいました。

質問者A　やはり道を極《きわ》めさせるというか、そういう感じですかね。

行基　そうそうそう。

なかなか、教えそのものはそう簡単に伝わらないので、やはり、もうちょっと下のクラスの弟子《でし》が伝えないと無理なところはありました。専門を分けてね、伝えるものを。

でも、ときどきは、その富士《ふじ》の裾野《すその》で大集会が行われることもあった。広場みたいなものはつくっていて、そこに人々を集めてお話をされることもあったんです。だから、ラ・ムーより前に、ラ・ムーも広場でお話をされていたけれども、同じようなことはされてはいました。

そうすると、富士山みたいな傾斜《けいしゃ》がある所では実にやりやすいので。上のほうに座《すわ》ってやると、本当に大仏さんが座っているような感じで、下《した》の、下々《しもじも》のほうは話が聴《き》ける。これが「神《かみ》」の始まりなんだよね、もともとはね。

質問者A　なるほど。

行基　だから、肉体的に、その遺伝子がコピーされて日本人になったというわけではないと思うんです。天から神として来られたので。

だから、「天から降りてきた神は自分だ」と言っている人もいるけれども、天から来た者はほかにもいることはいますけれども、日本の王朝としては、最古のものはこれです。

質問者A　例えば、行基様も、行基菩薩《ぼさつ》として生まれて大仏を建てられたり、二宮《にのみや》尊徳《そんとく》様として、日本人に考え方などのモデルを教えてくださったと思うのですけれども、それも、天御祖神《あめのみおやがみ》様が伝えようとしている一部を、行基様たちが体現してくださっていると考えてよろしいでしょうか。

行基　そうそうそう。何か物をつくり出すということにも関心をお持ちだったし、そういうものを流行《はや》らせて国を富ませるという意味での経営術のほうも知っておられたので、経営学と、そういう造形・ものづくり。「経営学」、「ものづくり」はお得意でしたね。

だから、そういうカルチャーは、日本にけっこう降りてはいるはずです。日本人は器用だし、ものづくりがうまいしね。

質問者A　何かこう、日本男児《だんじ》の源流というか、（そういうものが）あるじゃないですか。武士道と言えばいいのか、力士の方もそうかもしれないのですけれども、道を極めつつ、言葉数はそんなに多くないけれども、厳しい修行《しゅぎょう》をしているうちに出来上がってくる人格力とか……。

行基　ええ。だから、「金剛《こんごう》力士像」とかがあるけれども、ある意味で、中世から古代の人などが御祖神等を霊視《れいし》した姿でもあるかもしれん。似ていると思います、とても。

質問者A　たぶん、もうだいぶ差はあるかもしれないのですけれども、「今はどんな男性が日本男児の古きよき感じを表しているのかな」と思うと、俳優ですけれども高倉健《たかくらけん》さんのような……。何と言うのでしょう、そんなに言葉数は多くないけれども、責任を持ってやり遂《と》げるような雰囲気《ふんいき》とか、何か、そういうものにつながるところは、天御祖神様は、ある感じの方だったのでしょうか？

行基　まあ、いろいろな面があるからね。優《やさ》しい、慈悲《じひ》の面もあることはあるので。何だろう、『竹取物語《たけとりものがたり》』で、かぐや姫《ひめ》を阿弥陀《あみだ》様が迎《むか》えに来る、雲に乗って天の軍勢が迎えに来るのがありましたけれども、あんなような感じで、何に乗っているのか分からないけれども、空を飛んでいるような姿もありましたね。

質問者A　行基様から見られて、天御祖神様はどんな感じの方ですか？

行基　うーん……。まあ、本当に「始原《しげん》のほうの神」なんだと思う。

いろいろな星でちょっと違《ちが》う文明があるので同じではないんだけれども、あらゆるところで手本になる、そういう「型」をおつくりになる人なのではないかなというふうに思います。

だから、地球文明のなかでも、一つの「日本文明」という型をおつくりになろうとされたのではないかなというふうに思います。

質問者A　この間、武内宿禰《たけのうちのすくね》様のお話を伺《うかが》っているときに、やはり、漢字で言う「徳」を表すというか、教えているというか、霊流《れいりゅう》を引いているものも、天御祖神様につながる

『武内宿禰の霊言』（幸福の科学出版刊）

のではないかとお教えいただいたのですけれども。

行基　徳というのは基本的に……、人間には傾向性があるじゃないですか。その傾向性、例えば、お金持ちになりたかったら、お金をかき集めて儲《もう》けたいと思うじゃないですか。自分のものにもしたいと思うじゃないですか。だから、一般《いっぱん》的には、質素倹約《しっそけんやく》でケチでないとお金持ちにならないように見えるが、そうでありながら、今度、ちゃんとお金を使って、ほかの人たちも潤《うるお》せるようにするというような、そういうところがある。

あるいは、体が強い力を持っているけれども、弱い者に対して優しい。

こういうふうな〝矛盾《むじゅん》した性格〟を持っていないと、徳が生まれないのです。

だから、ある意味では、長剣を持っているけれども、それでいたずらに人を斬《き》って斬ってするだけが徳ではなくて、戦えば強いが、弱い者には黙《だま》って従わせるというようなこともできる。そういうふうな矛盾したものをまとめ上げていくところに徳が生まれてくるわけです。だから、男性が女性に対して威張《いば》っておりながらも、また優しくもなければいけないというふうなところですかね。

まあ、御祖神様でも三万年ぐらいですから、もっともっと、そのエル・カンターレのヒストリーから見れば、まだまだ最近のことなので。その直前に、ほかの星等で活躍《かつやく》しておられたということがあったということです。

だから、地球の進化のため、特に日本文明を高めるためにお出《い》でになられたということで。ほかの所にも降りてはおられるけれどもね。

質問者A　分かりました。

なぜ富士《ふじ》王朝は歴史から消えてしまったのか

質問者A　第一回目は、このあたりでよろしいですか。

行基　そうですね。これでも何十分かは行きましたか。

質問者Ａ　これで五十二分です。

行基　ああ、一本目はこれでよろしいのではないですか。

質問者Ａ　はい。

行基　これ以外のことで訊《き》きたいことがあれば、また……。

質問者Ａ　ここが突破口《とっぱこう》になって、きっと、何か訊いてみたいことが出てくる方とか……。

行基　うん、そうです。新しいことが出てこなければ、やっぱりいけないと思うのです。三万年前から三千年前までの間はちょっと距離《きょり》が……。

質問者Ａ　そうですね。だいぶあります。

行基　時間がありすぎて、三千年前の神を名乗っておられる方は、三万年前の神のことは、それはもう分からないでしょう。無理。

質問者Ａ　魂的《たましいてき》に……。

行基　無理なんでしょうね。

質問者Ａ　もう分からない。

行基　でも、宇宙からも、ほかからも来ている人もいるとは思いますが、文明のレベルにいろいろ差がありますから。

質問者A　差がある。やはり、自分が理解できる範囲《はんい》しか、どうしても理解できないところはありますものね。

行基　うん。たぶん、でも、三千年ぐらい前だと、もう富士《ふじ》王朝のほうはだいぶ廃《すた》れてきつつ……、ほぼ末期というか、最終期になっていて、違うほうに、西とかのほうが強くなってきていると思うので。

質問者A　はい、九州あたりから。日本の象徴《しょうちょう》といえば富士山が挙げられるではないですか。やはり、そこに王朝があったのはそうなのだろうとも思うのですけれども、なぜ、全然遺《のこ》っていないというか、消されている感じになっているのですか。

行基　いや、噴《ふん》火《か》だと思います。

質問者Ａ　噴火で、もう分からなくなったということですか。

行基　うん。何度も大きな噴火があったときに、ちょっと文明が消されたときがあって。それで、ちょっと、噴火がない所を求めて移動していったりしたものはあると思います。

九州のほうも流行りましたが、阿《あ》蘇《そ》のほうに行った人たちは、阿蘇の噴火で、また彼らの九州文明は滅《ほろ》びていることもあるので。

あのときは、でも、ただの噴火ではなかったかもしれません。小《しょう》隕《いん》石《せき》みたいなものが当たっているので、カルデラができていますよね、穴が開《あ》いているような。だから、すごいそこの、九州全域を覆《おお》うぐらいの大きな砂塵《さじん》が舞《ま》って、目が見えなくなるような状態が一、二年続いたこともあったので。それで、大部分の文明が死滅《しめつ》してしまったところがあります。

そういうのを経験した人は、今度は山のなかに穴を掘《ほ》ったりして住むようになっていき始めたりしました。

質問者A　なるほど。今、高千穂《たかちほ》あたりの文明が始まりみたいになっているけれども、それより先はあったということですか。

行基　阿蘇周辺、熊本《くまもと》辺にあった文明は、あれ……。

今、天御中主《あめのみなかぬし》と天照《あまてらす》と、どちらがどうだという争いをしていると思うのですが、あちらのほうの、熊本のほうに展開した文明が……、だから、阿蘇の噴火もあるのですが、小隕石も落ちているんですよ。

そういうようなことで、いったん、あそこも滅びているんです。いったん断絶しているんですよ。だから、実際にあった神だとは思われていないのがあるんです。

質問者A　天御中主というのは、何人かいるという説もありますけれども。

行基　ああー。そういう、昔あった名前を踏襲《とうしゅう》している場合もありますから。

質問者A　何か、日本はわりと多いみたいです。歌舞伎界《かぶきかい》だけではなくて、この間、テレビで森進一《もりしんいち》さんの家族の歴史とかの番組を観ていてもそうでしたが、普通《ふつう》の方でも同じ名前を二十七代も引き継《つ》いでいたりとか、けっこうあるんですよね。

行基　「富士王朝の御中主」は、おそらくは、三万年の歴史から言うと、もうちょっと下るので、たぶん五千年前ぐらいから三千年前ぐらいまでの間のものではないかと思うのです。だから、「富士周辺以外の所で出てくる御中主」というのは、その名を〝借用《しゃくよう》〟しているのだと思います。

質問者A　なるほど。『ホツマツタヱ』とかを読んでも、『日本書紀《にほんしょき》』や『古事記《こじき》』に出てくるほかの神の名も出てきていて、武内宿禰とかもそうだと思うのですけれども、どう考えても寿命《じゅみょう》が長すぎるというか。

行基　そうそう。

質問者A　何人かが同じ名前を引き継いでいるのではないかというのは、ほかにもけっこうあるんですよね、パターンとして。

行基　でなければ、星の間を空間移動して、帰ってきている間に時間がたっているというような場合もありえるかもしれませんが。

「天御祖神は偉大《いだい》すぎて、説明するのは難しい」

質問者A　ただ、やはり、神々も、みんなそれぞれにどんな思想を持っているか、考え方を持っているかというのを、今世《こんぜ》以外でこんなに明らかにされていくことは、たぶんないと思うのです。

行基　だから、あなたが知りたいことがあれば、そのもとは全部手繰《たぐ》っていくことはできます。だけど、御祖神はちょっと、日本の文化のなかで偉大《いだい》すぎて、説明するのはもう難しい。

質問者A　難しい。進みすぎていた？

行基　うーん、難しいです。それはもう、いちばん似ているものとすれば、髑髏島《どくろとう》の「キングコング」でも観るのがいちばん似ているかもしれません。

質問者A　それは、また原始人的な感じでバカにされるんじゃないですか。

行基　神、守護神ですがね。

質問者A　心が見えない、感じない人々にとったら、さらに「どんな人たちだったのか」というのは、あんまり分からないところがあるかもしれません。

行基　（天御祖神が）よく使っていた言葉を言うとしたら、確かに、「信仰《しんこう》」という言葉はよく使っていました。「信仰」、「正義」、「勇気」、それから「善」、それから、やはり「豊かさ」、それから「秩序《ちつじょ》」、「平和」。あとは、そうですね……。

まあ、とにかく、日本を、もう少し人口が住める、人が住める国にしようと変えておられました。そういう感じでしたかね。

宇宙の文明を持ってきても、そのまま地球では使えないものが多くて、地球で使えるものは何なのかということを考えてはおられました。

だから、古代文字……、いや、それは、その古代文字は、たぶん、タイだとかイランだとかイラクだとかで、あるいは、エジプトとかで使われているものの根源のものはあったと思うのですけれども、みんなちょっと変化していっているから。

4　世界最古、三万年の歴史を持つ「日本」

分かりにくいところがある日本の霊界《れいかい》や信仰観《しんこうかん》

質問者A　あと、最近の日本霊界《れいかい》の感じだと、やはり、どうしても、天国と地獄《じごく》というスタイルが霊界にない可能性があります。

行基　ああ……。

質問者A　日本のなかの仏教系の霊界だとあるとは思うのですけれども、いわゆる日本神道《しんとう》的な考えの霊界世界を見ると、たぶん、「天国・地獄」とかいうのではなく、平面に住み分けられていて、黄泉《よみ》の国も、読むかぎり地獄に近いのですが、

「地獄」として下にあるのではなくて、同じ平面上にあって、住み分けているだけなのかなという感じはあるのですけれども。

行基　それは、今の中国を見たら分かるように、政治犯等を収容所に入れてしまって、出さないようにするでしょう？　あれをもうちょっと大きなスタイルですると、宇宙では、天国・地獄をつくるスタイルよりも、例えば、政治犯を追放して、ある星に住まわせるという、そういうことはあったので。

質問者A　なるほど。

行基　地球でも、オーストラリアとかには、イギリスの犯罪人とか、いろいろ流したりしていたでしょう。そういう流刑《るけい》というのがあるので。そういう人たちは、自分たちを悪人と思わず、仲間で一緒《いっしょ》に住んでいる人たちもいることはいる。まあ、そんな感じはあったのかもしれませんけどね。

だから、「善悪を分けないと分からない」、「自分らが悪だなんて分からない」ことはありますので。

質問者A　あと、神様が非常に多いし、祟《たた》っても〝神〟というところもあるではないですか。

行基　それは、もとは「フォースの差」、「念力《ねんりき》的なものの差」があるのだろうと思うけれども、それがいいほうに行ったのと、悪いほうに行ったのとがあるので。

質問者A　ただ、両方を「神」にはしてくださる。まあ、日本以外でもそういう所もありますけれども。

行基　日本は、畏怖《いふ》したものを神にしたがる傾向《けいこう》はあるということです。猪《いのしし》でも神になれるわけです。

質問者Ａ　確かに。でも、今世《こんぜ》は稀有《けう》なる時代であり、いろいろな神様が世界にいらっしゃって、「神」とは呼ばれているけれども、「本当のその方自身の思想はどういうものなのか」というのも蓋《ふた》を開けられる時代というか、よく分かる時代なのかなという感じがします。

行基　いや、まあ、いちおう学問はいろいろ増えて、分化してきたので、思想全部を学ぶのが難しくなってきたから、やっぱり、何かの特色を持ったものを教えるということが多くなってきた。それで、ちょっと何か、神の種類が分かれるようにも見えてきているところもあると思うのです。それは、人類として経験値が増えたということでもあるんですよね。

質問者A　ただ、一方で、この間の総裁先生のご説法《せっぽう》では、インドとかも多神教すぎて、いろいろな動物とか、本来、神ではないところまでかなり祀《まつ》っているところはあるから、やはり、少し西洋型に切り替《か》えて、整理していかなければいけないところはあるのではないかというお話もあったのですけれども。

行基　まあ、いろんなものが混ざっていますので。日本でも「猿田彦《さるたひこ》伝説」とかもありますけれども、でも、猿型宇宙人もいたので、そのままの姿を見たら、みんなそう思いますよね。

だから、そういう、「単に動物を祀った」のと、「動物のスタイルを持った宇宙人もいるのでそれを祀った」のとがあるので、ちょっと分かりにくいところはあるのです。

質問者A　ただ、日本は、やはり「創造主信仰《しんこう》」がかなり薄《うす》いので。

行基　薄いですね。

質問者A　というか、「ない」んですよね、ほとんど。今世、この信仰を広げられるかどうかによって、日本国民のレベルも上がれるかどうかが懸《か》かっているのかなと思うのですけれども。

行基　国生み神話もあるけれどもね。矛《はこ》で海を混ぜたら、ポタポタ落ちた滴《しずく》で淡路《あわじ》島《しま》ができたとか。

質問者A　ちょっと、どう考えても……。

行基　「おのころ島《じま》」ですか。ちょっと、取って付けたような話ですので。

質問者A　そうですよね。たぶん、世界各地に遺《のこ》っている神話を日本に当てはめてつくった神話なのかなという感じはあります。

行基　しかたがないですよ。ほかの国の神話でも、親がいる人が創造主になったりするのも出てくるので。まあ、それは新しい民族とか国を建てたというぐらいの意味だろうとは思いますけれどもね。

これはちょっと、なかなか簡単には片付かないけれども、ただ、文明の優劣《ゆうれつ》があって、滅《ほろ》びるものは滅びていっているので、そういう淘汰《とうた》もまた、進化の原動力になっているところもあるのです。

長い長い地球の歴史のすべてを語ることの難しさ

質問者A　滅びるのも、アトランティスとかムーのように、やはり、文明自体が悪化してしまって滅びなければいけなくて、神意で滅びるところもあるんですよね。

行基　だから、それは、考えなければいけないことは、三万年前に天御祖神《あめのみおやがみ》が降臨《こうりん》して、ムーは一万六千年前、それから、一万一、二千年前にはアトランティスとかが滅びたのに、日本文明は滅びていないわけですから、それは〝頑張《がんば》っている〟ということでもあります。

質問者A　でも、この島国形態自体も、たぶん変わっているんですよね？　その三万年前から。

行基　おそらくはね。まあ、もちろん……。

質問者A　国のかたち自体は変遷《へんせん》はしているから、たぶん、今、日本だと思っている国のかたちではないところもあるのではないですか。

行基　うーん。ただ、大きさだけが問題ではないので。イタリアがすごく発展するときも、ギリシャがすごく発展するときも、イングランドがすごく発展するときもありましたので。

だから、どういう人たちが生まれて、そういう文明をつくるかということがありますから。

アメリカやオーストラリアは、人口に比して、文明が出てくるのは遅《おそ》かったですよね。だから、「昔の文明があった」と。で、「滅びた」と考えたほうが早いとは思います。

ただ、長い長い地球の歴史のすべてを語るのは、かなり難しすぎることだとは思いますよ。

まあ、天御祖神についてどこまで明かせるかといっても、今のところ、そんなところぐらいですかね。あとは何が言えましょうか……。

地球に降り立った段階で、何かもう、使えないものがそうとう増えてきましたから。まあ、大変ですよ。月に行って文明をつくるようなものですから。

質問者A　分かりました。

行基　ただ、エル・カンターレの魂《たましい》のなかで、神経細胞《さいぼう》のようにつながっているものはあるので、いつの時代も地球に誰《だれ》かが出ていて、情報共有はしていると思います。

だから、本当を言えば、宇宙の複数のところで文明を育てているので、もう一段、視野はたぶんあるということです。
地球も今、最大限の賑《にぎ》わいを見せて、今後どうするかは行き詰《づ》まっているところだと思いますが。

質問者A　日本は、霊界も地上も含《ふく》めて、やはり善悪の価値観がかなり低いし、天御祖神様の教えてくださったような感じは、少し薄くはなっているのだろうとは思います。
中国に対しても何も言えていないし、香港《ホンコン》、台湾《たいわん》についても少し言うぐらいだし、昨日《きのう》もバイデンさんが霊的に来られていましたけれども、「日本が、やっぱり弱すぎる」「何も言えない。どうにかしてくれないか」と言っていました。まあ、それはそうですよね（霊言《れいげん》「バイデン守護霊《しゅごれい》　大統領就任後の苦悩《くのう》を語る」参照）。

行基　アメリカも、騎兵隊《きへいたい》がインディアンを攻め滅《せ》ぼした、そのカルチャーを引き継《つ》いでいるところはありますから。こちらからは、東洋から見れば、「何のご用でここまで?」というところはないわけでもない。

質問者A　ただ、今、習近平《シージンピン》とかが悪い霊流《れいりゅう》を引いているのだったら、それを見破れないと滅ぼされますからね。

行基　ええ、ですから、習近平みたいな、宇宙の悪い影《かげ》がついているようなものに対しては、やはり、本当に天御祖神風のものが立ちはだからないといけないところはあるでしょうね。

天御祖神《あめのみおやがみ》が実在したことは日本の「誇《ほこ》り」

質問者A　ただ、日本の八百万《やおよろず》の神々から見れば、「天御祖神《あめのみおやがみ》も知らない」「いない」と。もう、霊界も地上も、にっちもさっちも行きません。

行基　まあ、それは、その意味では後《おく》れているというのは、しかたがないところがあるので。だから、キリスト教文明から見て、それがものすごく原始的な宗教に見えたということでしょう。

質問者A　でも、こんなに妖怪《ようかい》・天狗《てんぐ》世界が広がったのは、この三千年ですか？

行基　いやいや、イギリスだって、文明化したのはこの八百年ぐらいで、その前はもう同じような世界ですので。妖怪や龍《りゅう》とかが、もうはびこっているような時代ですので。

質問者A　だから、否定したい人たちから見れば、「三万年前は、もっとそうなのではないか」と。

行基　そんなことはないですよ。昔のほうが高かったものも何度もあって、上がったり下がったり、上がったり下がったりしているので。地球も、宇宙からも攻撃《こうげき》されるようなものも、何回かあったのでね。まあ、いろんなことが過去ありました。

これを全部明かすのは、もう私の使命ではないので、もっと大きな神にやってもらわないと無理ですけれども。

とりあえず、少なくとも三万年の歴史があれば、「インド文化圏《けん》や、中国文化圏や、アメリカ文明や、ヨーロッパ文明以前の神が日本にいた」ということは、日本としての誇《ほこ》りになるでしょうね。

だから、ヨーロッパ・欧米《おうべい》系の神も、まあ、アトランティス、ムーもそうですけれども、だいたい一万年前後あたりで、おそらく、地球の姿がそうとう変わったのだと推定していいのだと思うのです。

質問者A　分かりました。今は、天御祖神様を知っている人の証言を取っていかないと、「嘘《うそ》だ」「フェイクだ」という反論も強いので。

行基　何せ、イエス・キリストが海を歩いてアメリカ大陸に渡《わた》ったという宗教もあるぐらいですからね。

質問者A　いえ、それと一緒にされると、また「フェイク」と言われるのですけれども、「フェイクではない。行基様の魂もご存じだ」ということでよろしいですか。

行基　ええ、私は、でも、日本にはよく出ていますよ。

質問者A　「その方《かた》が、天御祖神様自身を知ってはいる」ということでいいですよね。

行基　ええ。まあ、証拠《しょうこ》といっても、それは今、写真もないし、ムービー（動画）もないので。

質問者A　もう学術論文にも出てこないと。

行基　出てこないですよね。ただ、名前自体は出てはいます。

質問者A　『ホツマツタヱ』に出ています。

行基　『ホツマツタヱ』その他、『竹内文書《たけのうちもんじょ》』等に名前は出てきますから、言い伝えはあったということです。

それが、天皇を中心とする、あのへんの持統《じとう》天皇のころに、ちょっと統一をかけられて、そこからふるい落とされたという、〝古すぎるやつは落とした〟ということだと思うのです。

質問者A　いえ、それだと、先ほどの熊本《くまもと》（阿蘇《あそ》）とかと同じレベルに扱《あつか》われてしまうのではないですか。

行基　そのへんも、あるかないかが分からなくなっているわけで、『古事記《こじき》』にちょっとあって、『日本書紀《にほんしょき》』にはないというレベルになっていますので。

質問者A　この間来たＵＦＯによると、馬型の半分ＡＩみたいな人たちも熊本に降りたということでした。

行基　まあ、「ＡＩ」とかいうのも、ちょっと割り引いたほうがいいと思いますが。

質問者Ａ　いえいえ、（ＵＦＯリーディングで来た人たちなので）全然違《ちが》う人たちだと思いますけれども。まあ、馬肉文化もそれ以外の地域に広がっていませんしね。

行基　いやいや、そのへんの馬肉のほうは、ちょっと、もしかしたらモンゴル系統かもしれないので（笑）。

質問者Ａ　ああ、なるほど。騎馬民族のほう。

行基　ええ。一部つながっていたときに来ていたところもあるのかもしれませんが。とりあえず、私は、まあ、過去もあるが、今、終わろうとする、右翼《うよく》・左翼で流れている現代文明の終着点が近づいているので、次の文明の、やはり方向性を決めるのが仕事です。

質問者A　はい。では、一回目はこのへんで。

行基　はい。

質問者A　ありがとうございました。

第二部　中国に流れる天御祖神《あめのみおやがみ》の光の系譜《けいふ》

――洞庭湖娘娘《どうていこニャンニャン》、堯《ぎょう》・舜《しゅん》・禹《う》の霊言《れいげん》――

「霊言現象《れいげんげんしょう》」とは、あの世の霊存在の言葉を語り下ろす現象のことをいう。これは高度な悟《さと》りを開いた者に特有のものであり、「霊媒現象《れいばいげんしょう》」（トランス状態になって意識を失い、霊が一方的にしゃべる現象）とは異なる。外国人霊の霊言の場合には、霊言現象を行う者の言語中枢《ちゅうすう》から、必要な言葉を選び出し、日本語で語ることも可能である。

なお、「霊言」は、あくまでも霊人《れいじん》の意見であり、幸福の科学グループとしての見解と矛盾《むじゅん》する内容を含《ふく》む場合がある点、付記しておきたい。

第1章

洞庭湖娘娘《どうていこニャンニャン》の霊言《れいげん》

――古代中国のルーツを探《さぐ》る――

二〇二一年六月二十一日　収録

幸福の科学　特別説法堂《せっぽうどう》にて

洞庭湖《どうていこ》娘娘《ニャンニャン》

「娘娘」とは、もとは「母」「貴婦人」「皇后」などの意で、役割に応じて種々の娘娘がいる。洞庭湖娘娘は、中国湖南省《こなんしょう》北部にある中国第二(かつては、中国で最大だった)の淡水湖《たんすいこ》・洞庭湖の女神《めがみ》である。また、中国古代の聖王《せいおう》・堯《ぎょう》の娘で、舜《しゅん》(堯没後即位《ぼつごそくい》)の妻である女英《じょえい》とされる。

質問者　大川紫央《おおかわしお》(幸福の科学総裁補佐《ほさ》)

[他の質問者一名はAと表記]

※役職は収録時点のもの。

〈霊言《れいげん》収録の背景〉

本霊言は、前日に洞庭湖娘娘の霊が大川隆法総裁のもとに来ていたことを受け、改めて招霊《しょうれい》し、収録された。

1 洞庭湖娘娘《どうていこニャンニャン》に堯《ぎょう》・舜《しゅん》・禹《う》について訊《き》く

洞庭湖娘娘が生きたのは、どのような時代だったか

大川隆法　洞庭湖娘娘《どうていこニャンニャン》さん、洞庭湖娘娘さん。

昨日《きのう》の夜、来てくださいましたが、収録しておりませんでしたので、お話がありましたら、録《と》れますでしょうか。

洞庭湖娘娘さん、洞庭湖娘娘さん、洞庭湖娘娘さん。

（約五秒間の沈黙《ちんもく》）

洞庭湖娘娘　洞庭湖娘娘です。

大川紫央　ありがとうございます。

洞庭湖娘娘　はい。

大川紫央　洞庭湖娘娘様におかれましては、特に去年あたりからいろいろとお助けいただいていて、昨日は、「水は、荒《あら》ぶって革命を起こすだけではなくて、『水の瞑想《めいそう》』などもあるように、ヒーリングもできるのだ」ということで、総裁先生の霊体《れいたい》とかお体にヒーリングパワーを下さっておりました。

洞庭湖娘娘　はい。

CD「水の革命」(作詞・作曲　大川隆法、発売・販売　幸福の科学出版)

『大中華帝国崩壊への序曲』(幸福の科学出版刊)

大川紫央　お聴《き》きしておりますと、洞庭湖娘娘様自体は、天御祖神様《あめのみおやがみ》だけではなくて、もっと古いエル・カンターレもご存じだということでしたし、洞庭湖娘娘様のお話のなかから、中国にも、天御祖神様を通してエル・カンターレの光が降りていたときがあったと……。

洞庭湖娘娘　はい、はい。

大川紫央　堯《ぎょう》や舜《しゅん》という、いわゆる神話といわれているような時代の方々ではありますけれども、やっぱり、そういう徳のある君臣がいて、民《たみ》を導いていたときがあったということをお伺《うかが》いしました。

洞庭湖娘娘　うん、うん。

大川紫央　いずれ、その堯や舜という方々からも、お話を聴く機会を賜《たまわ》りたいとは思っているんですけれども、まずは、洞庭湖娘娘様のほうからお話をお聴きできたらと思います。

洞庭湖娘娘　うん。

大川紫央　洞庭湖娘娘様は、「女英《じょえい》」という名前で、堯の娘《むすめ》でありながら舜に嫁《とつ》いで、その時代を見ておられたということだと思うんですけれども、お生まれになっていたとき、どんな時代だったのか、そのへんについて、お訊きさせていただくことができればと思います。

洞庭湖娘娘　うーん、うーん。まあ、中国の文明化が始まるころではありましたからねえ。それまでは、広大な大地にパラパラと民が住んでいるような感じだったのが、次第《しだい》に求心力《きゅうしんりょく》が出てきて……。

うーん、まあ、そうですねえ……。「帝《てい》」「帝《みかど》」という名前がふさわしいかどうかは、ちょっと分かりかねるんですけれども、ある程度の人たちの、今で言うと、どのくらいでしょうかね、都市を治めるぐらいの長《ちょう》であったことは間違《まちが》いなくて、その時代にとっては有名な人たちであったということです。

まだ、交通の便から見ても、中国全土を治めるような感じではなかったですけどね。

比較的《ひかく》、中国も、南部のほうから発展はしていっていて、それは、農耕とかがやっぱり有利だったためなんですけどね。あと、北のほうから来た文明もあって、ちょっと混じり合いながら……。それと、中央アジア方面から入ってきた者とかがいて、いつも、覇権《はけん》争いとか部族間の争いとか、いろんなものがあって、なかなかまとまらないものではあったんですが。

もし中国のルーツがあるとすれば、「堯・舜・禹《う》」と、この三代続いた王様のあたりが、中国のルーツと考えてもいいんじゃないかなあというふうには思います。

堯《ぎょう》や舜《しゅん》の生きた年代と場所について

質問者A　「堯《ぎょう》や舜《しゅん》は伝説上の人物だ」と言われることもあるんですが。

洞庭湖娘娘　伝説じゃない。伝説ではなくて、それは記録があまり明確でないだけですよね。人の名前とかが伝わるときには、人の口を介《かい》して伝わりますので、尾《お》ひれが付いたりし、いろいろ変わったことがある場合もあるんですけれども、「何かそれに相当する人が実在した」ってことは、たいてい、そのとおりであることが多いんでね、ええ。

質問者A　今から何年ぐらい前になるんでしょうか。

洞庭湖娘娘　さあ、それは正確に言えるかどうかは分かりませんが、うーん。孔子《こうし》様が二千五百か六百年ぐらい前に当たって、老子《ろうし》様が、その同世代か、ちょっと重なるけど上の年代ぐらいにあって、老子と釈迦《しゃか》の時代がだいたい重なるんじゃないかとも言われているぐらいなんですけれども。

それから遡《さかのぼ》ること、周公旦《しゅうこうたん》の時代っていう、もう一つ光の時代があって、春秋《しゅんじゅう》戦国時代の春秋、「五百人もの思想家が出た」っていう時代から見ると、おそらく、周公旦の時代は五百年ぐらい前に相当すると思うので、三千年か三千百年ぐらい前というと、これは、地中海のほうでいくと、アフリカのモーセの「出《しゅつ》エジプト」のころに相当するころかなと思うんですが。

それから遡ること、どのくらいになりましょうかねえ。周公旦から遡ること、うーん、まあ、短く見て五百年、長く見て千年ぐらいですから、そうすると、今から三千五百年から四千年ぐらい前になるので、エジプトであれば、もう王様がいた時代ではありますねえ。そのくらいのころかなと思うんですが。
まあ、明確には言えませんけれども。
たぶん、インドのほうがもうちょっと先に文明としてはあったと思います。それよりあとだとは思います。
大川紫央　五千年までは遡らない……。
洞庭湖娘娘　いや。
大川紫央　そういう説もあると思うんですけど。
洞庭湖娘娘　マックス五千年までは可能ですけど、間に入っているものがどこまでありえるかが、ちょっと分からないので。もし孔子の時代が二千五百年より少し前と見ると、それからさらに二千五百年前になると、かなり古くなるので。

大川紫央　確かに。

洞庭湖娘娘　それが正確に伝わっているかどうかはよく分からないので。古くなればなるほど、伝説っぽくはなるかもしれませんね。うーん、まあ、ちょっと、正確には申し上げられないけれども、私は、今から言えば四千年前、だから、紀元前二〇〇〇年前後じゃないかと思いますね。

質問者Ａ　場所は、今で言うと、中国のどこらへんでしょうか。

洞庭湖娘娘　南のほうが発展していたので……。
中国の文明は「黄河《こうが》文明」といわれているんですが、黄河は北のほうを流れる大きな川です。確かに、そちらにもまた、黄河流域にも人は住んでいたけれども、北の民がわりに多くて……。

それから、南のほうに「揚子江《ようすこう》」っていう大河《たいが》があって、こちらのほうには太平洋から来た人たちがわりあいに多く住んでいて、まあ、その中間地帯にも人は住んでいたんですけれども、揚子江のほうに実は近い流域なので。

中国文明をもっと古く言う場合には、その黄河文明のほうを「五千年ぐらいあるんじゃないか」と言っているんじゃないかと思うんですけど。

大川紫央　あっ、そうか。なるほど。

洞庭湖娘娘　そちらのほうの人の名前は、ほぼ遺《のこ》っていないんではないかと思いますので。

大川紫央　今、洞庭湖とか、「湘江《しょうこう》」という川とかになると、湖南省《こなんしょう》のあたり……。

洞庭湖娘娘　ああ、そうですね。

大川紫央　といわれているんですけど、その辺と考えてよろしいですか。

洞庭湖娘娘　はい、近いですね。

だから、稲作《いなさく》がね、できるぐらいの環境《かんきょう》だったので。北のほうは、稲作は少し厳しくて、粟《あわ》、稗《ひえ》、コーリャン等、そちらのほうは穫《と》れるけど、お米が穫れるのは南のほうが中心だったので。そういう米文化ですよね、それが入っていて。日本から入ってきたんですよね、米文化は、実は。

2 「女英《じょえい》」として生まれた時代について

「洞庭湖の女神《めがみ》」は二人いたのか

大川紫央　女英《じょえい》様は堯帝《ぎょうてい》の娘様《むすめ》であられると思うんですけれども。

洞庭湖娘娘　はい、はい。

大川紫央　一説によると、娘さんが二人いて、「娥皇《がこう》という方と女英という方がいて、その二人を舜《しゅん》に嫁《とつ》がせた」という説があるのですが、もう一方では、「二人の娘ではなくて、一人は息子《むすこ》で、もう一人が女英という娘だった」という説もあるんです。どう考えたらよろしいでしょうか。

洞庭湖娘娘　うーん。娥皇のほうは、皇后のモデルにされた方ではあるんですけれども、うーん、私とは本当の意味でのきょうだいではないので。うーん、まあ、たぶん、舜帝のほうの身内につながる方だったと思うんですよね。だから、娘としては私一人なんですけどね。

大川紫央　堯帝の娘としては女英様一人で、舜に嫁がれたかたちになって……。

洞庭湖娘娘　はい、はい、はい。あちらは舜のほうのお世話をしていた方ですよね。

大川紫央　親族のなかで？

洞庭湖娘娘　ああ、はい、はい。

大川紫央　なるほど。

洞庭湖娘娘　うん。だと思います。そういうふうに考えていいと思う。

大川紫央　当会では「洞庭湖娘娘」とお呼びしているんですけれども、今、伝説上で、「湘君《しょうくん》という、湖水の女神《めがみ》——、洞庭湖に注ぐ湘江《しょうこう》という川の女神としては、その二人がいるんじゃないか」と言われているんですけど、本当は女英様一人という感じですか。

洞庭湖娘娘　二人いないですね。

大川紫央　二人いない。

洞庭湖娘娘　一人ですねえ。

大川紫央　やっぱり一人。

洞庭湖娘娘　私一人ですね、ええ。まあ、中国人はちょっと多く言う癖《くせ》があるので。増やしておくほうがいいので、そういう言い方……。

だから、それは、おそらく、「娘を二人やったほどの入れ込《こ》みようだった」ということを言いたいのかとは思うんですけれども。だから、いちおう洞庭湖の女神は私一人ですね、ええ。

大川紫央　例えば、始皇帝《しこうてい》がそのあたりの川を渡《わた》ろうとしたときに、嵐《あらし》とかで川が氾濫《はんらん》して渡れなかったとか、ときどき、そういう御業《みわざ》が起こっているので、「女神であったとしても、二人ぐらいいないと難しいだろう」とか思われたかもしれない。

洞庭湖娘娘　いや、人数は関係ない。

大川紫央　人数関係ない（笑）。

洞庭湖娘娘　関係ないので。川の神が二人いるとすれば、やっぱり、（もう一人は）黄河《こうが》のほうだと思うんですがね。もう一人、黄河のほうにいると思いますけれども、揚子江《ようすこう》流域のほうの中心は私になりますね。

堯《ぎょう》から舜《しゅん》への禅譲《ぜんじょう》で、女英《じょえい》が果たした役割とは

大川紫央　あなた様の人生で分かることといえば、あなた様を嫁がせてみたところ、あなた様の性格もさらに非常によくなったので、お父様の堯帝《ぎょうてい》が、舜帝《しゅんてい》のことを、

「やっぱり後継《あとつ》ぎにいいんじゃないか」ということになったというのと、舜帝が亡《な》くなったあと、あなた様もあとを追って川に身を投げ、そこから、神話として、川とか湖の女神になられたというのが遺《のこ》っているんですけれども、そのへんについてはどうでしょうか。

洞庭湖娘娘　だから、舜がね、そんなにまだ身分が高くなくて、父のほうは目はかけてはいたんだけど、すぐに王様にするにはちょっと反対が多くて厳しいだろうなと見ていて。

私の役割は、ちょっと、もう、たいへん口幅《くちはば》ったくて申し訳ございませんけど、山内一豊《やまのうちかずとよ》の妻みたいな感じで、妻に入って、何て言うかなあ、うーん、まあ、「王になるための業績をあげるのを助けよ」という感じではあったんですよね。

だから、娘と結婚《けっこん》しただけで王になれるわけではなくて、やっぱり、「ある程度、仕事ができるところをお見せして、徳を高めて」っていう、そんな感じだったかなとは思うんですよね。

だから、結婚したレベルでいくと、今で言うとどのくらいになりましょうかねえ。

うーん、位置的に言うと、この日本国という国を治めているほどではなかったので。

人口はちょっと多いですけど、例えば東京都として見て、父を東京都知事ぐらいの位置として見たならば、私が嫁《よめ》に行ったときの舜様は、まだ東京都の課長ぐらいのレベルだったかなあ。

だから、今で言えば、どうだろう、東京の産業振興《しんこう》や都市計画とか、そんなのを担当しているような課長ぐらいの感じだったかもしれませんが、私が嫁に行っている間に、部長になり局長になり、ちょっと上がってきたっていう感じでしたかね。

大川紫央　堯帝にもいちおう息子もいらっしゃったんですが、そちらには譲《ゆず》らずに……。舜さんは特に血縁《けつえん》関係とかではなかったと思うんですけど、いちおう周りの人からも「人柄《ひとがら》がいい」という推薦《すいせん》があって、女英《じょえい》を嫁がせてみて、二十年近くたって禅譲《ぜんじょう》されているという……。

洞庭湖娘娘　うん、うん、うん。

大川紫央　でも、「舜のご家族も、何か、けっこう大変な感じだった」とかいう感じもあるんですけど（質問者注。舜の家族が、隙《すき》あらば舜を殺そうとしていた、という話等が遺っている）。

洞庭湖娘娘　まあ、それは、言い方は難しいですけど、庶民《しょみん》に毛が生《は》えたぐらいの家だったので、そこから王様になるには、それは大変なことはありますね。周りの人たちの啓蒙《けいもう》が十分できませんし。

でも、「孝《こう》」の思想はあって、「年上の者を敬《うやま》う」という思想は、あったことはあったので、親の命令とか年上のきょうだいとかの命令とかがあると、それに従わなきゃいけない時代があって、なかなか自分の思うようにはならない。
そういう、「しごき」と言えばしごき、「いじめ」と言えばいじめもあったようではありますけど、特に「堯の娘を嫁にもらった」というあたりからは激しくなってきましたね。

大川紫央　余計に？

洞庭湖娘娘　余計に。

大川紫央　嫉妬《しっと》ですか？

質問者A　周りからの嫉妬が。

洞庭湖娘娘　うん。

大川紫央　本当に「おしん」みたいな感じということですか？

洞庭湖娘娘　いや、だから、二十年ぐらい、そういう嫉妬にさらされながら、実績をあげていく努力をしなければならなかったので。

大川紫央　お話を伺《うかが》っていると、女英さん自体も、要するに、「長《ちょう》の娘という立場から、かなり身分が下がるスタイルで嫁になる」ということは、そういう感じになるとは思うんですけれども。

洞庭湖娘娘　そうですねえ。

大川紫央　そこは、どう考えられたのでしょうか。

洞庭湖娘娘　だから、男のきょうだいもいたし、姉もいたことはいたので、まあ、普通《ふつう》で言うと、「相続の対象ではないから出されたのだ」とは思うんですけどね。まだ能力主義というようなものが確立しているわけでもなかったので。

洞庭湖娘娘から見た、堯《ぎょう》と舜《しゅん》の人物像

大川紫央　プライドがけっこう高かったりとかすると、お父様が都《と》のトップとか、その一帯のトップをやられていて、プライドが高く育っちゃったりとかすると、嫁に行っても、けっこう苦しみとか悩《なや》みとかのあるスタイルが多いのかなと思うんですけど、実際にはどんな感じでしたか。

洞庭湖娘娘　ううーん……、まあ、父はねえ、すごく……、まあ、当時、「学問」

と言っていいかどうかは分かりませんけど、そういう教養のある方ではあって、人に教えが説ける人ではあったんですけれども、実務的に支える人みたいなのもちょっと求めていて。

当時のいちばんの難関は、やっぱり、「揚子江の氾濫」、「治水灌漑《かんがい》」、それから、「農業の促進《そくしん》」、まあ、「産業を興《おこ》すこと」等が中心だったので。そちらのほうで巡《じゅん》回《かい》していて、舜《しゅん》に英才の芽を感じたというところはあったんだと思うんですけどね。

まあ、二十年も時間をかけられているのを見れば、そんなに簡単な道のりでなかったことは分かると思いますね。もうかなりの実績が出なければ、実の息子をもう廃嫡《はいちゃく》してまで、何て言うか、後継者《こうけいしゃ》にするというのは、必ず反乱しますからね、実の息子のほうが。だから、周りが納得《なっとく》するまでの実績が必要だったということになりますので。

まあ、そういう手腕《しゅわん》が優《すぐ》れていたということは言えますね。

あと、まあ、舜の思想のなかに、やっぱり、何て言うか、「ユートピアをこの世に具現化しよう」というふうな考え方を持っていた方《かた》ではあるので。

大川紫央　舜帝のほうが？

洞庭湖娘娘　うん、そうそうそう。堯《ぎょう》は理想を説く人ですけど、（舜は）「その理想を、この世にかたちにしよう」という気持ちの強い方ではありましたね。

大川紫央　かたちにしようと？　なるほど。

質問者Ａ　では、堯は、思想家、宗教家みたいな感じですか。

洞庭湖娘娘　そうですね、ええ。まあ、教えを説く方ですね。

大川紫央　一説には、女英さんは「天帝《てんてい》の娘」とも書かれていますけれども。

洞庭湖娘娘　ええ、まあ、そうですね。

大川紫央　そういうことなんですか？

洞庭湖娘娘　ええ。

大川紫央　堯帝という人は、どういう方と捉《とら》えたらよろしいのでしょうか。

洞庭湖娘娘　うーん、まあ、それは本人に訊《き》くべきかもしれないとは思うので、私が余計なことを言うべきではありませんけれども。

うーん……、ほかにもいたかもしれませんが、まあ、中国という国の始まりにおいては、「最初の光のような人」ではあったのではないかなと思います。

それまでは、いろんな民族が入り乱れての、バラバラに住んでいるような感じだったと思うけれども、やがて統一王朝をつくっていこうとする、そういう「天の計画」があって下りられた方なんじゃないかなというふうには思っています。

大川紫央　でも、中国の感じを見ると、一方では始皇帝などの独裁者も多いし、戦乱の時代も長いのですけれども、もう一方で、「徳の政治」というものとか、あと、「天帝思想」というものも、昔、日本のほうから入った文化もあるかもしれないのですが、でも、日本にもまた入っているんですよね。

「天にも帝《みかど》がちゃんといらっしゃって、地にいる帝だけではない」という思想とか、その「徳」という思想、そのへんがやはり中国の長所なのかなと思うのですけれども。

それは、その光の部分をつくろうとされていた時代という感じでしょうか。

洞庭湖娘娘　そうですね。まあ、「徳」の思想の源流ではあろうかなとは思いますけどね。舜にも徳はあったし、禹《う》にも徳はありましたですけどね。

その光の連続が、あとは、周公《しゅうこう》に流れたり孔子《こうし》に流れたりしていっているんだと思いますけれどもね、ええ。

まあ、これは中国人も知らないことですから、本当は、本当のことは。

大川紫央　知らない。

洞庭湖娘娘　たぶん知らない。

だけど、それは、まあ、紹介《しょうかい》しますから、訊くならご本人に訊くべきかと思いますけど。

大川紫央　……今？

質問者Ａ　もう訊いてしまいますか？

洞庭湖娘娘　うん、そう長くなくてもよろしいんじゃないか。困ったら、私をもう一回お呼びください。紹介しますから。

大川紫央　はい。

質問者Ａ　では、お願いします。

第2章　堯《ぎょう》の霊言《れいげん》

――礼《れい》・智《ち》・信《しん》・義《ぎ》・勇《ゆう》の心――

二〇二一年六月二十一日　収録

幸福の科学　特別説法堂《せっぽうどう》にて

堯《ぎょう》（生没年不詳《せいぼつねんふしょう》）

中国古代の聖王《せいおう》で、五帝《ごてい》の一人。姓《せい》は伊祁《いき》、名は放勲《ほうくん》。日月星辰《じつげつせいしん》を観測して暦《れき》を定める。孝行の誉《ほま》れ高かった舜《しゅん》を登用して、自分の娘《むすめ》を嫁《とつ》がせ、帝位を譲《ゆず》った（禅譲《ぜんじょう》）。これにより、後世、古代における最も理想的な天子《てんし》像とされた。

質問者　大川紫央《おおかわしお》（幸福の科学総裁補佐《ほさ》）

［他の質問者一名はAと表記］

※役職は収録時点のもの。

〈霊言《れいげん》収録の背景〉

「洞庭湖娘娘《どうていこニャンニャン》の霊言」（本書第二部　第1章）の収録に続き、堯の霊を招霊《しょうれい》した。

中国古代の名君・堯帝《ぎょうてい》を指導していた神とは

大川隆法　では、お呼びします。

それでは、中国の初期のころの王様に想定されています、堯《ぎょう》・舜《しゅん》・禹《う》とつながった古代王朝の堯王といいますか、堯帝《てい》とのコンタクトをしたいと思います。

中国の古代において、最初の帝位に就《つ》かれた堯帝よ。

洞庭湖《どうていこ》娘娘《ニャンニャン》となられた女英《じょえい》さんの父親でもあるといわれる堯帝よ。

どうぞ、降りてきてくださって、そのお考えを明らかにしてください。

よろしくお願いします。

（約十秒間の沈黙《ちんもく》）

堯　うん。

大川紫央　ありがとうございます。

堯　うーん……、うん、うん。

大川紫央　先ほど、洞庭湖娘娘様に来ていただいていたのですけれども、そのお父上であられる堯帝様でいらっしゃいますでしょうか。

堯　うん、そうだよ。昨日《きのう》は「父の日」だったなあ。

大川紫央　ああ、確かに（質問者注。堯帝は右手で、顎《あご》の下を髭《ひげ》があるかのように、ずっと触《さわ》っておられた）。

質問者Ａ　洞庭湖娘娘さんのお父上ですか？

堯　うん、うん。

大川紫央　神話だけではなくて、中国に実在した方であるということですね。

堯　うん、そうだね。

質問者Ａ　先ほどの洞庭湖娘娘さんのお話からすると、もう「中国の父」とも言えるような方なのかなと思ったのですが。

堯　まあ、人類の歴史は長いのでね、分からないが、近現代の中国につながる、中国という認識が始まるあたりであったかなということだね。まあ、それ以前にも人は住んではいたのでね。うーん、まあ……、ハハハ……。

質問者A　やはり、今から四千年前《まえ》前後あたりに中国にお生まれになったということでよろしいでしょうか。

堯　うん、そうなるかなあ。

そう、まあ、古代の文字なんかもね、だいぶ整えたりしたしね。いろんな計測なんかも定めたり、目方《めかた》なんかも定めたりしてねえ。

昔、エジプトでねえ、トス神という人がそういうことをしたんだけれども。文字をつくったり、そういう秤《はかり》をつくったり、長さを決めたり、数学をつくったり、トス神という方がしたんだけどねえ。まあ、トス神からの指導もだいぶ受けて、やっておったんだけれども（注）。

『トス神降臨・インタビュー　アトランティス文明・ピラミッドパワーの秘密を探る』（幸福の科学出版刊）

質問者A　意外ですね。

大川紫央　中国とトス神が、というのは、また新鮮《しんせん》ですね。

堯　だけど、まあ、文明の始まりはそういうことだから。
「文字」と「数学」と……、そうですね、文字、数学、それから、町、家をつくっていくためには、多少、工学的というか、まあ、そういうものの考え方ができなければいけないので。
それは、まあ、そういう「学問の源流」のようなものをつくっていたというか。まあ、天から啓示《けいじ》を受けつつだけれどもね、ええ。

質問者A　私は歴史で「中国では秦《しん》の始皇帝《しこうてい》が、そういった度量衡《どりょうこう》の統一をした」

というふうに習ったのですけれども、それ以前に、もう堯帝の時代に……。

堯　いや、まあ、それは後《のち》の世にもそういうことはありますけれども。だって、何もなしではできませんからね。町とかはつくれないですよ。言葉もなく、そういう秤もなく、田んぼの広さも分からないでは、やっぱりつくれませんので、ええ。

大川紫央　昨日、行基菩薩《ぎょうきぼさつ》様から天御祖神《あめのみおやがみ》様が富士山《ふじさん》あたりに降臨《こうりん》されたときの最初の富士王朝のお話をお聴《き》きしていたときも、やはりそういう活動もなされていたようだったので、ちょっと近いものを感じました。

堯　まあ、そうですねえ……。

日本の文明が中国に流れ、また日本へと循環《じゅんかん》している

大川紫央　洞庭湖娘娘様から、「天御祖神様の光も、堯帝とか舜帝を通して中国に流れている」というお話も、以前にはあったのですけれども。

堯　御祖神様は、またもっと古くなるので。エジプト文明よりもっと古い。「エジプト文明」「ムー文明」「アトランティス文明」の最盛期よりもっと古くなりますので、どちらかというと、東洋のいろんな文明の源流に当たる方ではあると思うんですよ。

それと、日本に降りられても、日本からまたアジア方面各地にいろんな光を派遣《はけん》されておられたと思うんですよね、ええ。

質問者Ａ　以前、「武内宿禰《たけのうちのすくね》の霊言《れいげん》」で、その富士王朝ぐらいずっと昔ですけれど

も、「日本と中国がまだ地続きの時代があって、中国のあたりにも富士王朝からの文明が流れていた」という話があったのですが、その時代に伝わったものがまだ遺《のこ》っていたりはしたのですか？（『武内宿禰の霊言』〔前掲《ぜんけい》〕参照）

堯　うーん……。そうですね、歴史的には、うーん……。だから、東洋のほうでの刀剣《とうけん》、刀等の製造というかつくり方は、やっぱり御祖神が来られたときにはもう教えているので。

今の日本史では、中国から朝鮮《ちょうせん》半島を経由して入ってきたということになっているんだと思うんですが、出雲《いずも》のあたりに入ってきたということに……。

まあ、確かにあちらで盛《さか》んになっていたことも事実ではある。これは原材料的なものもあったので盛んになったことも事実なんですけれども、もとは、その地続きの時代もあって、御祖神がつくったもののほうが、あちらのほうに流れていっているのはありますすね。

製作総指揮・原作／大川隆法
守りたい、日本という奇跡を。
愛国女子《あいこくじょし》
――紅武士道
千眼美子　田中宏明　希島凜
なりたりな　市原綾真
大島さと子　中条きよし　国広富之　西岡徳馬
監督／赤羽博　音楽／水澤有一　脚本／大川咲也加
製作／幸福の科学出版　製作協力／ARI Production　ニュースター・プロダクション
制作プロダクション／ジャンゴフィルム　配給／日活　配給協力／東京テアトル
2022.2.18
ROADSHOW
© 2022 IRH Press

そもそも、まあ、「天帝《てんてい》」とかいう言われ方も、本当は「中国発」ではなくて「日本発」なんですよね。

大川紫央　天御祖神様とかのことを「天帝」と呼んでいたんですね。天から降りてきたのですから。

堯　「空から来る」のでね。

大川紫央　だから、文明がこちらに流れたりして、お互《たが》いに流れ合って。ただ、富士王朝も、一回、火山でなくなったりもしているから……。

堯　いやあ、それは避難《ひなん》してほかの所にちょっとどんどん移動していっただけなので、うん。

大川紫央　そのときにそういう技術も流れて、今度また輸入されたように見えます。それらの地を、回っているということでしょうか。

堯　グルッと回っているんだね。まあ、グルッと回っているので。

大川紫央　循環《じゅんかん》しているんですね。

堯　ええ、いろいろな所で、まあ、やっぱり、よきリーダーが出たときに盛り上がるので。

まだ「国家」という大きな概念《がいねん》はちょっと立っていなかったと思いますね、東洋においてはね。はっきりとは立っていなかったんじゃないかと思うんですけど。それをつくるのに時間がかなりかかるんですよね。

堯帝が説いていた教えとは

大川紫央　堯帝は、先ほどのお話では、思想家とか宗教家の面もお持ちだったという感じで……。

堯　うん、まあ、この程度でそうであればね。

大川紫央　どんな教えを……。

堯　まずは「礼《れい》」。
それから、学問を通しての「智《ち》」。
それから、神への信仰心《しんこうしん》や、あるいは、神の言葉を伝える者、統治をする者への信頼《しんらい》感としての「信《しん》」。

「礼・智・信」ですね。

それから、善悪のもとになる「義《ぎ》」。

それから、勇ましく、やっぱり命を投げ出してもやるべきことをやるという「勇《ゆう》」。

「礼・智・信・義・勇」。

まあ、こういうのは後世で「徳」のもとになる部分ですね。それに当たるようなものは説いていましたね、もうすでに。

だから、後世の者がつくったわけではなくて、脈々と口伝《くでん》で伝わっていたものが文字化されて学問になっていったということですよね。

それと、人間としての「度量」とか「雅量《がりょう》」の大きさということの大切さも教えてはいましたね、ええ。

堯帝の魂《たましい》の秘密を明かす

大川紫央　堯帝の魂《たましい》はどういう魂だと考えたらよろしいのでしょうか。

堯　うーん……、まあ、日本にも出ていますので。

大川紫央　日本にも出ている？　どういうお姿で。

堯　うーん……、「大日孁貴《おおひるめのむち》」とか「天照大神《あまてらすおおみかみ》」という名前で出ている場合もあります。

大川紫央　天照様が堯帝だったのですか？

堯　はい。

大川紫央　なるほど。そういうことですか。

堯　まあ、私は男ですけれどもね。

大川紫央　はい。

堯　ええ。まあ、男性霊も、（魂の）なかにはいるので。

大川紫央　なるほど。

堯　だから、ずっと近代まで来れば、吉田松陰《よしだしょういん》です。

大川紫央　でも、天照様の（霊的な光線での）お色というのは、当初の霊言から「紫《むらさき》」と言われていたではないですか。

堯　はい、そうです。礼節を教えたのは、天照であり、堯です。

大川紫央　そうなんですよね。それで、中国の孔子《こうし》様も「紫」と言われているので、何かつながりがあるのだろうと思っていたのですけれども。

堯　そうです。だから、それは末流《まつりゅう》というか、流れを汲《く》む者ですよね。中興《ちゅうこう》の祖ですから、孔子というのはね。

大川紫央　孔子様が、ですね?

尭　日本では天照、あるいは大日孁貴《おおひるめのむち》といわれていた「太陽神」です。それが尭です。

質問者A　中国文明の、その源流にいらっしゃる尭帝が天照様というのは、けっこう衝撃《しょうげき》度が高いです。

尭　まあ、でも、太陽神なので、そうなんです。

大川紫央　そうなんですね。

では、尭帝は、中国の、古来は「太陽神」だと考えられていたということでしょうか。

堯　そうです。「太陽神」なので一緒《いっしょ》なので、ええ。

大川紫央　では、さらに天帝、天なる父から指導は受けて……、トス神からも受けていたということですか。

堯　うん、だから、天なる父、まあ、今、トス神の名前も挙げましたが、天なる父は、それは、「天御祖神」でもあるし、まあ、「釈尊《しゃくそん》」という名で出られた方でもあるし、まあ、「エル・カンターレ」とか「エローヒム」とかいう名で呼ばれている方でもありますから。これが父ですよね。（私は）まあ、娘《むすめ》のことも多いのですけれども、息子《むすこ》の場合もあります。

大川紫央　なるほど。「天帝の息子」バージョンですよね。

堯　そうです。天帝の息子です。だから、太陽神だから、天照になるわけですよ。天帝により、「この地上を照らすこと」を命じられているということですね。だから、決して、日本が中国に隷属《れいぞく》する文化だったというわけではないということを言っているわけで。

大川紫央　もとを辿《たど》れば一緒なんですね。

堯　はい、そうです。〝グルッと回っている〟だけなので。長く住むと、個性にちょっと違《ちが》いが出てくるんですけど。

中国では多民族のなか、「徳」を中心とする国家づくりを考えた

質問者Ａ　中国という国の使命というか、その文明の特徴《とくちょう》、求められていたところというのは、どういったところなのでしょうか。

堯　ちょっと異民族が多数なだれ込《こ》んできているので、それを統一するのがいつも仕事で、難しかったですね。

だから、私が考えていたのは「徳」を中心とする国家づくりで、その流れはずっとあるんですけれども、ただ、そうでないものもあるので。

例えば、騎馬《きば》民族風の方々みたいな者もいたし、特に、今はちょっと漢《かん》民族に迫《はく》害《がい》されていると言われているウイグル族等も、もう中央アジアから、それから、今の中東のほうの文化をそうとう引き継《つ》いでいたので、文化的にはだいぶ違うものでした。

だから、私たちが「農耕」を中心とする文明をつくっていったんですけれども、あちらは農耕だけでないものがあるので。まあ、肉食、要するに、強者が弱者をやっぱり食べるような思想とか、それから略奪《りゃくだつ》経済みたいなものも持ってきていましたね。

うーん、それから、モンゴルに近いほう等は、馬の先祖みたいなものはだいぶいたので。放牧をする、そういう一カ所に定住しないで動く民族等もいたし。

まあ、そうですね、なかなか、「一つの文明」をつくるのは簡単なことではなかったですね。

大川紫央　うーん、なるほど。

堯　うーん。

質問者A　では、いろいろな民族がいるなか、徳の力で一つにまとめていくという……。

堯　そう、流れとしては流れているんですけどね。だけど、始皇帝の時代に、非常に、例えば儒教《じゅきょう》とかは迫害されていますけどね。でも、その後、また儒教を中心にして科挙等も千年以上続いたりもしておりますので、中心軸《じく》としては一つ流れているとは思うんですけどね。これは中国の「徳の文明」の流れの一つですね。

でも、徳の文明でないものも、やっぱり入ってはいるので。いわゆる、あなたが「レプタリアン（爬虫類型宇宙人《はちゅうるい》）」と呼んでいるような、何て言うの、「弱肉《じゃくにく》強食《きょうしょく》」型の思想も入っているし。そういう、一カ所に定住して農耕に励《はげ》んで富をつくる思想もあれば、定住しないことで狩猟《しゅりょう》とか放牧とかをするような人たちもいたりして。実に難しい国でしたね。

大川紫央　なるほど。

質問者A　そういったなかで、「正義」といいますか、いろいろな価値観があるなかで、何を「正しい」と決めるのかは難しいことかなと思うのですが、霊的にはどういったご指導を受けていらっしゃったのでしょうか。

堯　うーん……、（約五秒間の沈黙）うーん……。まあ、さっきも、ちょっと驚《おどろ》かれたけど、エジプトの初期の神の「トス神」ということを言いましたが、文明づくりがお得意のようであったので、ご指導を受けて象形文字をつくったりしたんですけど。だから、初期の「中国の象形文字」は、「エジプトの言葉」と似ているはずだと思います。それが漢字に変わっていっているものですよね。

まあ、トス神は多かったですね。だから、そのトス神が今アメリカのほう、北米とかを指導しておられると聞いて、ちょっと、今昔《こんじゃく》の感に堪《た》えないですね、ええ。

大川紫央　堯帝から舜帝につながっていくわけですけれども、舜帝というのはどういう方だったのでしょう。

堯　うーん……、まあ、それはお呼びすべきであって、私が言うべきじゃないかなと思いますが。

大川紫央　なるほど。

堯帝は今の中国をどう見ているのか

大川紫央　ほかに何か語っておかれたいことはありますでしょうか。

堯　そうですね、だから、中国には、そう簡単に理解はしてもらえるものではないでしょうけど……、「日本の古代の神であり、日本の伊勢神宮《いせじんぐう》の主宰神《しゅさいしん》でもある天照大神が、中国の太初の太陽神・堯である」というのは、ちょっと受け入れがたいことかと思いますけれども、私はその前にも日本にも生まれているし、ムー帝国にも生まれている者であるので。

今、使命としてはほとんど、あまりもうないんですけどね。ほぼ、〝もう眠《ねむ》っている状態〟というか、あと、〝図書館入り〟なんですけど、ほぼ。

大川紫央　中国の霊界《れいかい》には、いちおう天上界《しんじょうかい》はまだある？

堯　いやあ、極《きわ》めて、今、〝休館〟状態に近くて、今は荒《あ》らされているので、とっても。まあ、ちょっと、われわれの活動が弱まって、今きていますね、うーん。

大川紫央　でも、今、日本にお生まれになってもいるので、日本から、また光を発信されているということですか。

堯　うーん、だから、今ちょっと、それをね、中国を啓蒙《けいもう》しようと、今しているところなんですけど、なかなか、「自分たちのほうが上だ」と思っているし、ついこの前、日本に占領《せんりょう》されていたのに、あっという間に、人口の多さと、工業力や技術力の進化で、日本を追い越《こ》しアメリカを追い越ししようとしている状況《じょうきょう》ですよね。

それ自体は分からないことはないんですけど、その根本《こんぽん》に「徳治政治」がないのでね。ここのところを何とかして、今、引っ繰《く》り返そうとしているところで。洞庭湖娘娘もやろうとしていますけど、私もやろうとしているし、舜もやろうとしています。

質問者Ａ　変な質問になるかもしれないんですけど、洞庭湖娘娘さんは、もともと、ズールー神からご紹介《しょうかい》いただいた流れだったんですけど……。

大川紫央　いや、あれはですね、ズールー神から（祟《たた》り神として）紹介されたのは、たぶん泰山《たいざん》娘娘……。

質問者A　あっ、娘娘……。

大川紫央　だったのかもしれないんですけど、何か、でも、そのあたりで、ちょっと霊調《れいちょう》が悪いときに、「娘娘」とまでしかお名前を知らなくて、「娘娘さん」をお呼びしたら……。

質問者A　中国にもいるという話で……。

大川紫央　そう。洞庭湖娘娘さんが出てきてくださったときが……。

堯　ええ。まあ、エル・カンターレのもう一つ大きな磁場《じば》がアフリカにあるので、そちらにつながっているんだと思いますが。

まあ、アフリカがもうちょっと開拓《かいたく》できて、伝道とかができれば、はっきりしてくるんじゃないでしょうか。国別に指導もありますから。アフリカの神というのは、まだ、そうよくは分かっていないと思うので、ええ。あちらも、今、開拓中ですけどね。

日本人と中国人の民族の性格の違《ちが》いは、どこで生じているのか

大川紫央　最後なんですけれども、いちおう、中国人と日本人で、現代においては、やや、性格とか、違《ちが》うところもあると思うんですよね。

日本人は、どちらかというと、何かあっても、あまりしゃべらないタイプ。中国人はどちらかというと、大きく、よくも悪くも何か言う感じはあると思うんですけ

ど、その民族の性格の違いというのはどういうあたりで生じるんですかね。

堯　うーん……。

大川紫央　お聞きしていると、ルーツを辿れば、同じところもあると思うんですけど。

堯　いや、中国人も〝二重性〟を持っていますので。だから、個人対個人で言いたい放題に言う場合と、公的な立場でも、敵味方に分かれたときに、一定の立場で言ったりすることもあるんですけれども。

うーん……、実は日本の徳川《とくがわ》時代ともよく似ているところもあって、今の中国自体は、お上《かみ》に逆《さか》らえないなかでの自由なんですよね。「お上の意向」というか、一本の、そういう〝統治思考〟の下《もと》の自由なので。うーん、まあ、だから、自由に見せるために言論はしゃべるんですけれども、その根本のお上の考えには逆らえないようになっていますね。

大川紫央　体制の違いもある？

堯　うん、それと、日本の場合はちょっと島国になったので、その意味でちょっと……。

大川紫央　そうですね。その要因があるんですかね。

堯　うーん、島国的な、何て言うか、逃《に》げ場がないところに住んでいるために、「何とか平和共存しなきゃいけない」という考えもあったのかなあとは思いますが。でも、日本のなかでも、気質はまた、そうとう違いますので。

大川紫央　そうですよね。

堯　中国は大きいので、民族が、まあ、十六とか二十幾《いく》つとか、かなり入っているので、個性にそうとう差があるけど、日本からはもう分からないと思うんですね。

　今の中国のフォーマルな体質は、やっぱり、華北《かほく》のほうの、清《しん》王朝のあれがそうとう残っていますので。北のほうの中国の文化が、今、色濃《いろこ》く残っていて、南のほうは、元《げん》にやられ、金《きん》にやられたりして、グーッと押《お》し込められた部分がそうとうあるので。南で経済発展はしているんだけれども、政治的な判断は北のほうが、だいたいやっている感じですよね。

　だから、私たちがいたあたりは、昔、金に攻《せ》め込まれて南宋《なんそう》といわれた所の、中国の南のほうの、この辺を中心とする文明ではあったので。

大川紫央　でも、今も上海《シャンハイ》とか……。

堯　そうそう。

大川紫央　香港《ホンコン》、台湾《たいわん》を含《ふく》め、「南」の中華系のほうが接しやすいところはありますものね。

堯　そっちは日本とは、たぶん交流しやすいと思いますよ。

大川紫央　親和性がある。

堯　でも、「北」のほうは、ちょっと文化が違うので。

大川紫央　また違うところも入ってきている。

堯　ちょっと〝強面《こわもて》する感じ〟のほうがあると思いますが。

でも、今、北京《ペキン》が中国標準ということになっていますので、それに合わないものはだいたい統一されていきつつあるわけですから。香港とか台湾とかが北京に合わせたくないのは、理由は、それはあると思いますね、うん。

大川紫央　分かりました。

堯　「大陸の奥地《おくち》の文明」と、やっぱり「海洋文明」とはだいぶ違いがありますのでね。

それから、台湾なんかも、日本のものだったり中国のものだったり、もうどっちだか分からない歴史を繰り返しているので。古代まで振《ふ》り返っても、日本の領地であったときも多いので、うん。

まあ、民族的には、はっきりと遺伝子とかそんなのだけで分かるようなものではないですね。そんなものはちょっと地域性の違いで、例えば、中国人とアメリカ人が結婚《けっこん》しても、日本人と北欧人《ほくおうじん》が結婚しても子供ができるんですから、これは、外見の表れ方が違っていても、人間としては同じつくりであることを意味していますよね。

大川紫央　はい。

堯　まあ、そういうことで。「堯帝が大日孁貴に相当する」ということを知っていただければ、まあ、それでいいかな。だから、中国では仕事は、ちょっと今薄《うす》くなっている、というか、あまりない。今はあまりないですね。

大川紫央　ただ、いちおう、その後、光はちゃんと舜帝に受け継がれていったということですよね。

堯　まあ、舜も禹もいますから、それは訊《き》いてみればよいかと思いますが。

堯帝が後継者《こうけいしゃ》として舜《しゅん》帝を選んだ理由

質問者A　では、一言《ひとこと》、舜《しゅん》帝を選ばれた理由を。

堯　うーん……。いやあ、とにかく、まあ、忍耐力《にんたいりょく》のある人でしたよね。だから、私の徳治政のなかに、「耐《た》え忍《しの》び」というのも大事なんだなということを、もう一つ加えた人ですよね。

あるいは、「独立独行《どくりつどっこう》」、「刻苦勉励《こっくべんれい》の精神」。そう努力して苦しさを乗り越えて成功する力というのは、非常に大事なものだなあということを、彼を見て思いましたね。

大川紫央　いや、でも、これは素晴《すば》らしい、素晴らしい……。

堯　打ち返しにはなるでしょうね。

大川紫央　はい。素晴らしい歴史の幕開けです。

堯　「中国のもとは、日本だった」ということですね。

大川紫央　はい。

堯　それ以前の北のほうの人は、マンモス狩《が》りとかしていた人たちですよ、うん、おそらくね。あとは、中国と中央アジアからの侵入《しんにゅう》はいっぱいあったと思いますので。仏教以後は、そのインドからの仏教文化もそうとう入ってきていますので。仏教と儒教とが……、「仏教」「儒教」「道教」、まあ、この三つが激しく大陸のなかで競争はしていたと思います。

大川紫央　ありがとうございます。

堯　はい、じゃあ。

質問者A　ありがとうございます。

大川隆法　うん。堯さんとしては、ありがとうございました（手を二回叩《たた》く）。

（注）地球神エル・カンターレの分身の一人。約一万二千年前、アトランティス文明の最盛期を築いた大導師《だいどうし》。宗教家、政治家、哲学者《てつがくしゃ》、科学者、芸術家を一人で兼《か》ね備えた超《ちょう》天才であり、「全智全能《ぜんちぜんのう》の主《しゅ》」と呼ばれた。現在、北米の霊界《れいかい》を司《つかさど》っている。

第3章　舜《しゅん》の霊言《れいげん》

―― 刻苦勉励《こっくべんれい》の心と大将の器《うつわ》 ――

二〇二一年六月二十一日　収録

幸福の科学　特別説法堂《せっぽうどう》にて

舜《しゅん》（生没年不詳《せいぼつねんふしょう》）

中国古代の聖王《せいおう》で、五帝《ごてい》の一人。姓《せい》は虞《ぐ》（または有虞《ゆうぐ》）、名は重華《ちょうか》。両親と弟の悪行《あくぎょう》に耐《た》えて孝を尽《つ》くし、堯《ぎょう》に仕えて信任を得、摂政《せっしょう》となる。堯の没後、禅譲《ぜんじょう》を受け帝位に就《つ》いた。その後、自《みずか》らも、治水に成功した禹《う》に禅譲した。後世、堯と共に聖徳《せいとく》ある帝王の模範《もはん》とされる。

質問者　大川紫央《おおかわしお》（幸福の科学総裁補佐《ほさ》）

［他の質問者一名はAと表記］

※役職は収録時点のもの。

〈霊言《れいげん》収録の背景〉

「堯の霊言」（本書第二部 第2章）の収録に続き、舜の霊を招霊《しょうれい》した。

堯帝《ぎょうてい》と舜帝《しゅんてい》の魂《たましい》の関係

大川隆法　では、堯帝《ぎょうてい》が、洞庭湖娘娘《どうていこニャンニャン》を嫁《よめ》に差し出されました舜帝《しゅんてい》。舜帝をお呼びしたいと思います。

舜帝よ。舜帝よ、舜帝よ、舜帝よ、出てきてください。舜帝。舜よ。舜帝よ、舜帝よ、舜帝よ。舜、舜帝よ。

（約十秒間の沈黙《ちんもく》）

舜　ううーん……。うん。

大川紫央　ありがとうございます。

舜　ばば、ご苦労様です。

大川紫央　（笑）やっぱりそうですね。はい。

昨日《きのう》、洞庭湖娘娘様が、「風の神も知っておる」とおっしゃっておられましたので、風にまつわる方なのかなと。

舜　はい。ええ……。最近では、「東郷平八郎《とうごうへいはちろう》」という名前で呼ばれております。

大川紫央　それでは、しかと。

舜　もう、すべてお分かりかと思われますが、まだ三歳《さい》で走り回っております。毎日、ばばと会うのを楽しみにしておる。

大川紫央　（笑）私《わたくし》も楽しみにしております。

舜　はい。ですから、流れは同じでございまして。

大川紫央　まさに。

舜　天照《あまてらす》の息子《むすこ》として生まれております。

大川紫央　はい。今世《こんぜ》は天帝《てんてい》も……。

舜　もう一回、日本でも、それはあるんですが……。

大川紫央　あっ、はい。

舜　ええ。天照と。天照の時代の正勝《まさかつ》（正勝吾勝勝速日天之忍穂耳命《まさかつあかつかちはやひあめのおしほみみのみこと》）。

大川紫央　あっ、そうですね。正勝様。

舜　そのときに、親子で出ております、ええ。

大川紫央　やはり、親子揃《そろ》って、親子で出るときは、天帝からの徳を示さなければならないというところですか。

舜　はい。はい。ええ。まあ、いろいろ、時代によって仕事の内容は変わりますけれども。

（舜帝として出た）当時は、だから、うーん……、いろんな道具も開発しなきゃいけなかったのでね。農耕の道具とか。
川がねえ、大きかったので、川とか湖とかで漁をしたり、交通ですね。だから、川で国が分断されることのほうが多かったですから、「船をつくる技術」とか「灌漑《かんがい》技術」、「用水路」をつくったり、「田畑をつくっていく技術」が大変なので。
私はね、日本では二宮尊徳《にのみやそんとく》さんとして生まれた方に、そうとう指導を受けておりました。うん。

大川紫央　天御助《あめのみたすけの》……。

舜　神《かみ》。

大川紫央　神。

舜　はい、そうです。そのご指導を受けておりました。
ですから、エル・カンターレとの関係といったら、見たら分かるとおりですよ。

大川紫央　そのまま（笑）。

舜　で、じじで……。

大川紫央　じじで。

舜　はい。

大川紫央　そのままですね。

舜　そんな感じですかね、まあ。

大川紫央　はい。

舜　だから、近しい関係なので。

今世《こんぜ》、予想される「洞庭湖娘娘《どうていこニャンニャン》との関係」とは

舜　たいへん少ない人数で回していて申し訳ないと思っておりますが、私どもはこっちに、今、日本のほうに来ているので、あちらは留守になっているということですね、ええ。

大川紫央　なるほど。そうですね。

舜　ええ。「徳」の文化は日本のほうに来ているんです。

あとは、実務家としてはやることはやったし、忍耐強《にんたいづよ》いというのは、そのとおりです。

だから、舜が私だと、洞庭湖娘娘《どうていこニャンニャン》は妻ということになりますので、いずれ、あなたもお会いすることになると思うので。

大川紫央　なるほど。

舜　どこかで。

大川紫央　どこかで。

舜　いずれかの時代に。

大川紫央　分かりました。

舜　生きておられる間に、〝洞庭湖娘娘の日本人版〟を見ることにたぶんなるでしょう。そういうつもりだと思いますので。

大川紫央　ああ、それで今のうちから来てくれているの？

舜　はい。だから、ええ、ええ。

大川紫央　でも、以前、確か助けに来てくれたんですよ。

質問者A　それで、「紫央さんの守護神だ」と言ったりもされていました。

大川紫央　何か、していましたよね。

舜　ええ。だから、そのときはそのときの楽しみで、まだよろしいかと思います。

大川紫央　そうですね。

舜　まだ三歳で、それから、肉体を持っておりますので、そんなに、今からあまり言われても、よろしくないと思いますので。試《ため》しの時間というのが、ある程度は必要ですから言えませんけど、たぶんそのつもりはあるのではないかと思いますね。準備されているのではないかと思いますが、これを今から縛《しば》るのはよくないことなので。ええ、もうそれ以上……。

舜帝は堯帝をどのように見ていたのか

質問者Ａ　では、当時についてお伺《うかが》いできればと思うんですけれども、舜帝からご覧になって、堯帝はどういったところが人々から親しまれていたのでしょうか。

舜　うーん……。とても賢《かしこ》い方でしたよね。賢い方だけど優《やさ》しい方でもあって。賢くて威張《いば》る方は多いんですけれども、賢いけど優しくて親切で、人を助けることのほうが好きな方で。

かといって、人を助けるからといって、長者《ちょうじゃ》のボンボンみたいに財産をなくしてしまうような方でもない感じで。人を助けるんだけれども……、非常に苦しんでいるときには、まず惜《お》しみなくいろんなものを与《あた》えてくれる方ではあるけれども、その人のまた自立も進めていくので、「どうやって自立していくべきか」ということを導かれる方でもあったかなというふうには思っております。

質問者Ａ　人々を真っ当な道に導くということですか。

舜　そうですねえ。だから、「天なる父」でもあり、「母」でもあるような感じの方でもあるような気がしますね。父でもあって母でもあるような感じの方で、育《はぐく》まれる方でもあったと思うし、ときには厳しいこともある。

家族をまとめるのが大変だった舜帝

大川紫央　舜帝は、もとの起源は、「水神《すいしん》」という説もあるので。

舜　そうなんです。

大川紫央　湖ですか。

舜　「水」とか「風」はねえ……。

大川紫央　得意なんですね。

舜　ええ、特に関係があるんですよ。水、風ね、そうですね。ええ。日本では「風の神」にもされていることもありますので、あれなんですが。

大川紫央　なっていますね。はい。

舜　「水」と「風」は非常に関係が深いのでね。

大川紫央　あと、舜帝は、けっこうご家族をまとめるのも大変そうだったのですけれども。

舜　ええ。それはどこにもおありのような感じでございますが、みなさん、〝我《が》〟のお強い方が多くて。私のように辛抱《しんぼう》強いタイプの人間は、最初のうちは〝頭の上を踏《ふ》んでいかれるケース〟が多くて、まあ、厳しゅうございましたねえ。

大川紫央　なるほど。父母《ふぼ》とか、弟もいたようなのですけれども、ちょっと本当かどうか分からないのですが、殺されそうになったりとかもしながらも、生きていらっしゃったと。

舜　まあ、それは……。だから、私は、「忍耐力」っていうか耐《た》え忍《しの》びというか、辛抱する力があるので。我の強い人のほうが頭がいいと思ってしまうことが多くて。

大川紫央　そうですね。

舜　我を通そうとするけど、我を通す人はいずれ滅《ほろ》びるんですよね、ぶつかってね。滅びてくるんですけどねえ。

まあ、そういうふうに、自分の目上に当たる人が我が強い人でも、耐えてやっているっていうようなこともありましたし。

また、下の者が下剋上《げこくじょう》をかけやすそうな感じに見えるらしくて、〝下剋上をかけてくる〟こともあるんですが、下剋上できるかと思ったら打ち払《はら》われてしまうみたいな感じのところですかね。

大川紫央　何か似ていますね。確かに、親子で似ているのかな。

舜　うーん。まあ、私はねえ、長い人生の大成を願っているので。うん。うん！

大川紫央　はい！　では、ぜひ、光と徳を体現していただきたいと思います。

舜　ええ。だけど、戦うべきときには戦いますから。

鈍器《どんき》であるがゆえに大器でもあるんだよ。器《うつわ》が大きいから、いろんな人たちを手のひらに乗せられて、養うことができるので。そんなに好き嫌《きら》いがね、人に対して好き嫌いが多いわけではなくて、いろんな個性を受け入れようとする気持ちがあるから。

いや、あんまり小役人はできないけれども「大将の器」ではあって、「大将の器」になるには一定の年齢《ねんれい》を経《へ》なければ、やっぱりいけない面もあったということですかね。

だから、今の転生《てんしょう》の姿を見て、あまり賢くないと見えるかもしれないけども、そうでもないかもしれないという目で見てくだされば、ありがたいなと思います。

大川紫央　はい、大丈夫《だいじょうぶ》です。

「〝その方〟が計画をされ、私たちは実行班」

大川紫央　すみません。堯、舜という、この……。

舜　禹《う》ですか。

大川紫央　古代のお話のところに差し挟《はさ》んでいいのか分からないのですけれども、最近、Ｒ・Ａ・ゴール様という宇宙の方が守護して、指導してくださっています。その息子さんでＲ・Ａ・ワンという方もいるのですけれども、出身星と言われるこぐま座の星を調べると、中国では昔、その星のことを「天帝」と呼んでいたというところもありまして、このへんの関係も……、まあ、さっきと同じですかね。Ｒ・

Ａ・ゴール様が釈尊《しゃくそん》とつながるから、そこからも光はもらっていたという感じですか（『Ｒ・Ａ・ゴール　地球の未来を拓《ひら》く言葉』〔前掲《ぜんけい》〕参照）。

舜　うーん。その方が計画されて、文明を起こされているので。

大川紫央　なるほど。

舜　私たちは実行班ですから。実行をするメンバーのほうなので、その方が「ここに文明を起こしたい」という気持ちがあったら、自分が出られることもあるし、出られずに天から指導されている場合もあるし。

始皇帝《しこうてい》のときも激しく怒《いか》られて、秦《しん》の国をお潰《つぶ》しになられたようですけども。まあ、時代をつくるっていうのは難しいことですね。

今の習近平《しゅうきんぺい》体制に対して、激しく怒っておられるような感じでありましたね。

大川紫央　分かりました。

舜　禹ですか、次は。

大川紫央　禹まで行ってしまいますか？

舜　簡単にはなるけど。

大川紫央　はい。お願いします。ありがとうございます。

質問者Ａ　ありがとうございます。

大川隆法　ありがとうございます（手を二回叩《たた》く）。

第4章　禹《う》の霊言《れいげん》

――中国に降りた繁栄《はんえい》の神――

二〇二一年六月二十一日　収録

幸福の科学　特別説法堂《せっぽうどう》にて

禹《う》（生没年不詳《せいぼつねんふしょう》）

中国古代の聖王《せいおう》で、五帝《ごてい》の一人。夏《か》王朝の始祖。姓《せい》は姒《じ》、名は文命《ぶんめい》。堯《ぎょう》・舜《しゅん》の代に大洪水《だいこうずい》が起こった際、父・鯀《こん》が治水に起用されるも失敗、その後を継《つ》いで黄河《こうが》の治水を成功させる。その功から、舜より禅譲《ぜんじょう》を受け、夏王朝を創始した。

質問者　大川紫央《おおかわしお》（幸福の科学総裁補佐《ほさ》）

［他の質問者一名はAと表記］

※役職は収録時点のもの。

〈霊言《れいげん》収録の背景〉

「舜の霊言」（本書第二部 第3章）の収録に続き、禹の霊を招霊《しょうれい》した。

禹《う》の驚《おどろ》きの転生《てんしょう》と魂《たましい》の傾向性《けいこうせい》

大川隆法　すみません。身内ばかり出てきて、（手を叩《たた》きながら）何か申し訳ないと思っております。

堯《ぎょう》・舜《しゅん》・禹《う》の、禹。こちらも、（舜が）血のつながりがない他の方に禅譲《ぜんじょう》したとのことであります。日本人にも、もう、ちょっと遠い感じなのですけれども。

禹帝《ていい》よ、禹帝よ。どうか出てきて、お教えください。

（約五秒間の沈黙《ちんもく》）

禹　うん。禹です。

質問者A　ありがとうございます。

大川紫央　ありがとうございます。
禹帝は「黄河《こうが》の治水」も成功させたと。

禹　舜帝のときに、人口が多くなって町が広がっていきましたのでね。だいぶ帝国として広がりつつあった時代ですね。

大川紫央　なるほど。あなた様も、人徳も、やはりあられたと。

禹　人徳はあったかどうかは分からないですが、まあ、そういうことにしておきましょう。

大川紫央　なるほど。舜帝のことはご存じですか。

禹　（笑）それで……、まあ、仕事上は「父」に当たるような方でもあるので。

大川紫央　そうですね。

禹　ええ。禅譲ですけども、禅譲していただいてありがたいなと思ってます。

大川紫央　はい。今はどんなことを考えてお過ごしに……。

禹　今、パナソニックの未来をちょっと心配しております。

大川紫央　えっ？　松下幸之助《まつしたこうのすけ》先生？

禹　ええ。

大川紫央　あっ、そうなんですか。

質問者A　へえー。そうなんですね。中国にお生まれになっていた。

禹　ええ。

質問者A　では、やはり発展・繁栄《はんえい》系といいますか。

禹　うん。アイデアが豊富なものでね、いろんなことを考えつく。だから、文明をつくっていくときなんかには、いいものだと思っていますがね。

大川紫央　ああ、なるほど。確かに。パナソニックをつくれるなら、確かにつくれますよね、器用に。

禹　ええ。幸福の科学でも、よく言及《げんきゅう》してくださるので。

質問者A　ご指導いただいています。

大川紫央　でも、「減税論」とか「無税国家論」とかも……。

禹　ええ、説いてらっしゃいますね。

大川紫央　確かに、徳ある政治ですね。

禹　場合によったら、もう（大川隆法総裁の）曾孫《ひまご》で出るかもしれません。

大川紫央　確かに（笑）。

禹　候補として一つ考えといてくだされば、ありがたいと思いますが。

質問者A　なるほど。

大川紫央　分かりました。

質問者A　それは心強い。

大川紫央　はい。心強いかぎりです。

禹　何もなくても考えつくので。自分で考えついて道を拓《ひら》くのが好きなので。だから、揚子江《ようすこう》から黄河に当たる文明をつくっていったっていうことですね。

だから、中国とも、そんな仲悪くならなきゃいけない理由もないんですけどね。今の中国はよくないっていうことですね。まあ、もとは同根《どうこん》ですので。

私は、舜帝もそうではありますけども、刻苦勉励《こっくべんれい》型。努力して発明し、つくっていくのが好きなタイプなので。

質問者A　私たちも、エル・カンターレ文明を建設していきたいというふうに強く願って……。

禹　うーん、だから、幸福の科学で、どうですか。ご子孫《しそん》に一つぐらい受け入れてくださってもよろしいんじゃ……。

大川紫央　幸之助先生が生まれてくださるなら、みんな幸福になります。

禹　いや、それは……。

大川紫央　拒否《きょひ》する権限がありましょうか（笑）。

禹　いやいや、お役に立てるなら、それは……。教団をもう一段大きくなされたいんでしょうから。

大川紫央　そうですね。

禹　お役に立てるなら、ちょっと考えてもいいかなとは思っておるんですがね。もう禹なんて、中国ではもう誰《だれ》も覚えてないから、役に立ちようもないので。ただ、中国にもちょっとね、電子機器を増やす仕事はだいぶしたんですがね。戦後、助けたんですけど、だいぶね。今の関係はちょっと問題があるなとは思っておりますから、それはちょっと政治のほうのマターでやるしかないですけど。

私のほうは、どっちかといえば、「経済的繁栄」のほうが得意なので。

禹と呼ばれたのは私です。はい。

大川紫央　はい。いえ、でも、中国の本当のよりよいところが、もう一度、現代においても出てくる時代が来るといいなと思いました。

禹　洞庭湖《どうていこ》娘娘《ニャンニャン》さん、頑張《がんば》ってらっしゃるから、また中国のあのへんの、湖南省《こなんしょう》あたりと仲良くなられて、きっと仲の良い時代が、やがて来るんじゃないでしょうかね。

洞庭湖娘娘《どうていこニャンニャン》とパングルは関係がある？

大川紫央　洞庭湖娘娘《どうていこニャンニャン》様は、霊体《れいたい》はまだけっこう中国にあるということ？

禹　まだあっちでも仕事をなさってますね。

大川紫央　していると。

禹　中国南部のほうを護《まも》ろうとしてらっしゃるようですね。かなり、本当は偉《えら》い方なんじゃないでしょうかね。

大川紫央　始皇帝《しこうてい》とかとも……。

禹　始皇帝と戦うんですから。

大川紫央　戦っていたから。

禹　そうとうの方ですよね。

大川紫央　分かりました。

禹　もしかすると、パングルの正体の一つかもしれないです（注）。

大川紫央　きっと仲間ではあるんでしょうね。

禹　そうでしょうね。

『エローヒム、パングル、セラフィムの霊言』（宗教法人幸福の科学刊）

大川紫央　もしかすると、でも、孫の嫁《よめ》で出てくるかもしれないし、まだそこは分かりません。

禹　分からないっていうところですね。ただ、中国のどこかに拠点《きょてん》を持ってるでしょうね。Maybe《メイビー》（たぶん）ね、そうでしょうね。

大川紫央　そうですね。

禹　何か拠点を持ってらっしゃる方。

大川紫央　でも、そのおかげで今回、この堯・舜・禹の源流を探《さぐ》ることができたので、かなり大きな進歩があったと思います。

禹　次は、パングルがね、なんで〝パンダの形〟だったのか、パングルの転生《てんしょう》をもうちょっと調べてみないといけないところもあるかもしれませんがね。何かほかの役を、きっとしていますよ。突如《とつじょ》、劉備玄徳《りゅうびげんとく》で生まれたわけではありますまい。

大川紫央　なるほど。

質問者A　禹帝もパングル様をご存じということですよね。

禹　はい、それは知ってます。

大川紫央　ありがとうございます。「パングル架空《かくう》説」というのもありますので（笑）。

禹　いえいえ、そんなことはありませんよ。たぶん、「娘娘《ニャンニャン》を束《たば》ねている」と思います。

大川紫央　娘娘。

質問者A　中国の娘娘。

禹　うんうん、娘娘を束ねていると思います、たぶんね。でも、中国だけじゃないですね。今、いろんなところで仕事をなさってると思います。

ちょっと、あんまり、見聞《みき》きした人が多く出すぎたので、面倒《めんどう》くさいかなと思いますが。

大川紫央　でも、同時に、現代にさまざまなことが展開している理由も、さらに分かる……。

禹　縁《えん》のある方が多々、今、手伝ってくださってるっていうことではありますよね。ですから、私も何か、「幸福の科学の発展」や「日本の発展」や、あるいは「アジアの発展」のために仕事をしたいなと思っておりますが、中国の歴史では、堯・舜・禹っていうのは、もはや伝説、架空の世界なので、力の発揮のしようがございませんけれども。

堯・舜・禹なんかは忘れられて、関羽《かんう》あたりが神になって、商売の神と学問の神になって、道教の中心の神みたいになってますので、私たちから見ると、「まあ、そんなもんですかね」っていうところですけどね。

実際、今、中国が目指してるのは、そういうことではないの？　武力が強くて、商売も繁盛《はんじょう》できればいいなっていうところだから、関羽みたいなのが神様でいいあたりなんでしょうけどね。

大川紫央　堯・舜・禹が徳ある政治を行われたということは、やはりその周りにも、洞庭湖娘娘さんだけではなくて、いろいろな支えた方々もいらっしゃって……。

禹　娘娘はけっこういます。

大川紫央　そうですよね。きっとそうです。

禹　「娘娘一族」っていうのがいるので。

大川紫央　「娘娘一族」。なるほど。

日本で富士《ふじ》王朝をつくるときにも手伝いをした

質問者Ａ　禹様も天御祖神《あめのみおやがみ》様はご存じですか。

禹　うん、うん、知ってます、もちろん。私も、だから、富士《ふじ》王朝をつくるときに手伝ってますから。

質問者Ａ　ああ。天御祖神様と一緒《いっしょ》に来られたのですか。

禹　いや、宇宙人じゃないので。すみません。

大川紫央　地球で待ち受けていたほうですか。

禹　地球人で。

質問者A　あっ、地球人として、当時……。

禹　ええ。ええ、ええ。それはね、当時はたくさん家を建てましたね。

大川紫央　なるほど。

禹　家。

大川紫央　「ピラミッドも建てた」というお話があったのですけれども。

禹　それはお手伝いしました。ちょっと、技術的には分からないものもありましたけど、向こうの方の力を借りないと。ただ、家はたくさん建てました。

大川紫央　なるほど。

質問者Ａ　ちなみに、どんな形の家だったのでしょうか。

禹　原材料は限られてますので。

質問者Ａ　木とかですか。

禹　「木」とか「石」とかが中心にはなりますけどね。

大川紫央　でも、今は普通《ふつう》になっている、家に住むという文化をつくったところもあるということですか。

禹　いや、それはもっと古いでしょうから。

大川紫央　まあ、ありましたか。それはそうか（笑）。

禹　人類史から見たら、もっと古いに決まっていますので。

質問者A　でも、いちおう、歴史で習うのは竪穴《たてあな》住居とか。

大川紫央　そう、そう、そう、そう。

質問者A　そんな感じに習ったりもするので。

大川紫央　穴を掘《ほ》って住んでいる感じとかがありますよね。

禹　いや、二十万人も来たって言ってますから、その人たちに住居をつくらなきゃいけないし。

大川紫央　家を提供しなければ……。

質問者A　それは一大事業ですね。

禹　あと、日本にいた人たちにも、町づくりしなきゃいけないので。まあ、けっこうやったんですよ。いろんなときにいろんなことをしたので。あとは、「経済」っていうのをなかなか理解しない人も多いのでね。それもつくっていかなきゃいけないので。

世界の各地で繁栄《はんえい》の神として出ている魂《たましい》

禹　いや、幸福の科学さんにはご縁があるようなので、何かお手伝いしたいと、また思っておりますから。堯・舜・禹は、中国ではもう呼んでくれることもないので。

大川紫央　でも、堯・舜・禹の時代も含《ふく》めての歴史が、中国の誇《ほこ》りですからね。

禹　そうですね。まあ、そうですけどね。

だから、日本の文明……、日本はもっと古い時代にも繁栄《はんえい》したこともあるし、それ以降、中国が栄えたあと、また繁栄したこともあるしって、両方ですのでね。

だから、本来仲良くすべきなんですけども、今ちょっと、やや違《ちが》った「侵略《しんりゃく》思想」が強く出てきているようですから、これについては、やっぱり改めたほうがいいのかなというふうに思ってはおります。仲良く、もうちょっとね、繁栄できるようにしないといけないところはありますね。

まあ、正体がバレたら、それで、あと訊《き》くことはないですね。

大川紫央　「どんなお方か」というのは分かる感じですよね。

禹　だいたい分かりますよね。

だから、堯帝で、「宗教家としての天照《あまてらす》、大日孁貴《おおひるめのむち》の（魂《たましい》の）方《かた》」が出て、その（天照の）息子《むすこ》（の魂の転生が舜帝）で、実際に実務として――まあ、戦争等もあったということでしょうね、本当はね。

戦争があったり、都市計画や、そういうことをする舜帝も出て――すごく粘《ねば》り強い、忍耐《にんたい》強い。土木工事なんかに向いてるんですよ、そういう忍耐強い方は。

大川紫央　舜帝は確かに、何十年間かけっこう長い間、統治する人なんですよ、たぶん。

禹　うん。そうそう。

大川紫央　「平和裡《り》に国を治める」というような。そういう魂なのかなという感じはありますよね。

禹　禹の時代は、「商業的発展」を少ししなきゃいけない、「経済」っていうのを少しつくらなきゃいけない時代なので、そういうことをやったんですが、ほとんどもう、歴史的痕跡《こんせき》はほぼないでしょうから。あちこちで、実は世界の各地で「繁栄の神」として出てはいるんですけどね。

大川紫央　なるほど。

禹　うーん……。ヘルメス様の時代だって、ちょっとはお手伝いしたことはあるんですよ。

大川紫央　そうでしょうね。

禹　地中海貿易のね、協力はしたりしているんですけどね。みんな、もう〝過去の過去〟、〝伝説の伝説〟になってるから、言ってもしかたがありませんけど。

大川紫央　でも、そういうみなさまのおかげで、国民《くにたみ》もより生活しやすく、恩恵《おんけい》を受けて生きてこれたということですね。

禹　はい。そうですね。

だから、いずれ訳されて、中国の方々にも読まれることもあろうかと思いますから申し上げてますけど、私たちは別に憎《にく》んでるわけでも、敵でもないし。私が松下電器をやったときも、中国の人たちの生活が豊かになって、西洋化することで先進国の仲間入りをして、先の大戦での傷もありますから、それも癒《い》えて、平和で豊かな国になるようにという願いを込《こ》めてやってましたし。

台湾《たいわん》の繁栄を潰《つぶ》したり、香港《ホンコン》の繁栄を潰したりするような中国であってほしくないなという願いも持ってますので、どうか、世界が平和的に発展するような方向に舵《かじ》をお取りください。それは政治のほうが決めることですので、そういう政治をつくるように努力してもらいたいと思いますし。

「日本のそういう、過去の中国の堯・舜・禹とかが日本人にも生まれているみたいな言い方が、すごく、日帝《にってい》の侵略を肯定《こうてい》しようとする思想だ」みたいな言い方をするかもしれませんけども、そういうものじゃなくて、世界平和で繁栄するように持っていきたいなというふうに思っています。

だいたい、あなたがたの頭のなかには、堯・舜・禹の正体が分かった段階で、想像がもうついてきていると思いますので。そういうものだということですね。

まあ、これだけでも「ザ・リバティ」のネタぐらいにはなるでしょう。

大川紫央　確かに（笑）。

禹　ハハハ……（笑）。書くことはありましょうからね。

大川紫央　はい。本当にありがとうございました。

質問者A　ありがとうございます。

大川隆法　はい、はい（手を一回叩く）。

（注）地球神をお護《まも》りする使命を持つ守護神で、かつて一億五千万年前に、主エル・カンターレがエローヒムとして降臨《こうりん》されていた時代に生まれていた。グル（guru）は導師《どうし》、精神的指導者の意味。映画「宇宙の法―エローヒム編―」（製作総指揮・原作 大川隆法、二〇二一年十月公開）にも登場している。

あとがき

二〇二二年二月十八日に映画「愛国女子——紅武士道《くれないぶしどう》」が公開される予定である。愛国心や大和《やまと》の心、武士道もテーマではあるが、「天御祖神《あめのみおやがみ》」という神の実在を知らせることも大切な使命である。

いわば東洋の源流に位置する神であるが、釈尊《しゃくそん》やラ・ムーにも影響を与え、仏教徒が巨大大仏を造りたがる、その心の起源をも明らかにした。かつて富士王朝を開いた方である。

中国では、「盤古《ばんこ》」と呼ばれている天地を開闢《かいびゃく》した巨人の神がこの天御祖神である。

当時は全長二十五メートルはあったとされるが、これは奈良の大仏が立ち上がった姿（身長）である。

今から三十二年も前になるが、私が両国国技館で八千五百人ほど集めて講演した際、演台まで歩いてくる私に、この巨神像を霊視した人もいる。天井から演壇《えんだん》まで、膝《ひざ》から下だけ見え、それから上は、国技館を突き抜けていたそうである。

まずは、映画をご鑑賞頂く前に、本書をご一読することをお願いしたい。

二〇二一年　十一月十六日

幸福《こうふく》の科学《かがく》グループ創始者兼総裁《そうししゃけんそうさい》　大川隆法《おおかわりゅうほう》

『天御祖神文明の真実』関連書籍

『天御祖神の降臨』（大川隆法 著　幸福の科学出版刊）
『「UFOリーディング」写真集3』（同右）
『R・A・ゴール　地球の未来を拓く言葉』（同右）
『公開霊言　超古代文明ムーの大王　ラ・ムーの本心』（同右）
『武内宿禰の霊言』（同右）
『大中華帝国崩壊への序曲――中国の女神　洞庭湖娘娘、泰山娘娘
／アフリカのズールー神の霊言――』（同右）
『トス神降臨・インタビュー
アトランティス文明・ピラミッドパワーの秘密を探る』（同右）

天御祖神文明《あめのみおやがみぶんめい》の真実《しんじつ》
― 行基《ぎょうき》菩薩、洞庭湖《どうていこ》娘娘《ニャンニャン》、堯《ぎょう》・舜《しゅん》・禹《う》の霊言 ―

2021年12月2日　初版第1刷

著　者　　大川隆法《おおかわりゅうほう》

発行所　　幸福の科学出版株式会社

〒107-0052 東京都港区赤坂2丁目10番8号
TEL(03)5573-7700
https://www.irhpress.co.jp/

印刷・製本　株式会社 堀内印刷所

ISBN978-4-8233-0315-9 C0014

大川隆法が明かす日本文明の真実

◆ 大和《やまと》の国を創りし文明の祖《おや》 ◆

天御祖神の降臨

「天御祖神の降臨」講義

天御祖神の降臨

3万年前、日本に超古代文明を築いた存在からのメッセージである「天御祖神《あめのみおやがみ》の降臨」シリーズ。「武士道」の源流でもある日本民族の祖《おや》が明かす、日本文明のルーツや、神道の奥にある真実、そして宇宙との関係──。歴史の定説を超越した秘史に迫ります。

◆ 古代日本史の真実に迫る ◆

武内宿禰の霊言

公開霊言
聖徳太子、推古天皇が語る
古代日本の真実

歴史の証人・武内宿禰《たけのうちのすくね》が語る「富士王朝の真相」と、日本の礎《いしずえ》を築いた立役者によって明かされる「古代日本の真実」──。この国に生まれたことの「誇り」と「勇気」を復活させる書です。

大川隆法ベストセラーズ・日本の誇りを取り戻す

現代の武士道

洋の東西を問わず、古代から連綿と続く武士道精神――。その源流を明かし、強く、潔く人生を生き切るための「真剣勝負」「一日一生」「誠」の心を語る。

1,760円

大日孁貴《おおひるめのむち》の霊言

天照大神のルーツとその教え

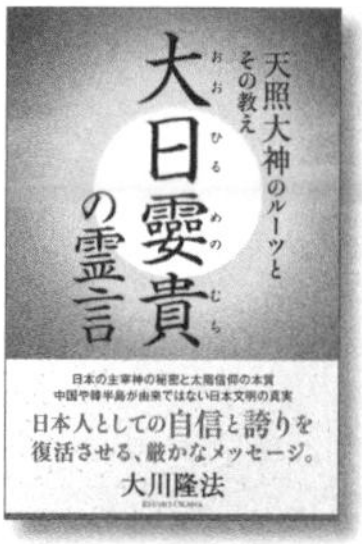

天照大神の秘密と太陽信仰の本質、そして日本文明の発祥の真実が明らかに。日本人としての自信と誇りを復活させる、光満てるメッセージ。

1,540円

天照大神《あまてらすおおみかみ》の御本心《ごほんしん》

「地球神」の霊流を引く
「太陽の女神」の憂いと願い

「太陽の女神」天照大神による、コロナ・パンデミックとその後についての霊言。国難が続く令和における、国民のあるべき姿、日本の果たすべき役割とは？

1,540円

日本海海戦

英雄・東郷平八郎と日本を救った男たち

監修 大川咲也加

約100年前、ロシアの脅威から日本を護った英雄たちがいた！ 当時、世界中を驚かせた「日本海海戦」勝利の史実と霊的真実を描いた物語が、絵本で登場。

1,650円

大川隆法ベストセラーズ・自由を護るために

大川隆法 思想の源流

ハンナ・アレントと「自由の創設」

ハンナ・アレントが提唱した「自由の創設」とは？「大川隆法の政治哲学の源流」が、ここに明かされる。著者が東京大学在学時に執筆した論文を特別収録。

1,980円

人の温《ぬく》もりの経済学

アフターコロナのあるべき姿

世界の「自由」を護り、「経済」を再稼働させるために──。コロナ禍で蔓延する全体主義の危険性に警鐘を鳴らし、「知恵のある自助論」の必要性を説く。

1,650円

自由・民主・信仰の世界

日本と世界の未来ビジョン

国民が幸福であり続けるために──。未来を拓くための視点から、日米台の関係強化や北朝鮮問題、日露平和条約などについて、日本の指針を示す。

1,650円

愛は憎しみを超えて

中国を民主化させる日本と台湾の使命

中国に台湾の民主主義を広げよ──。この「中台問題」の正論が、第三次世界大戦の勃発をくい止める。台湾と名古屋での講演を収録した著者渾身の一冊。

1,650円

幸福の科学出版

大川隆法シリーズ・**最新刊**

エメラルドの神話／エンゼルの恋

恋に悩む君へ、愛に苦しむあなたへ──。『詩集 私のパンセ』から、「本当の愛とは何か」について綴られた詩篇を絵本化した、シリーズ第2作・第3作。

各1,100円

ヤイドロンの霊言「世界の崩壊をくい止めるには」

ミャンマーやアフガンの混乱、台湾危機……。最悪のシナリオを防ぎ、中国の計略から地球の正義を守るための、宇宙存在ヤイドロンから人類への「一喝」。

1,540円

大川隆法　初期重要講演集 ベストセレクション⑥

悟りに到る道

全人類救済のために──。「悟りの時代」の到来を告げ、イエス・キリストや仏陀・釈尊を超える「救世の法」が説かれた、初期講演集シリーズ第６巻！

1,980円

エル・カンターレ 人生の疑問・悩みに答える 霊現象・霊障への対処法

シリーズ第6弾

悪夢、予知・占い、原因不明の不調・疲れなど、誰もが経験している「霊的現象」の真実を解明した26のQ&A。霊障問題に対処するための基本テキスト。

1,760円

※表示価格は税込10%です。

幸福の科学グループのご案内

宗教、教育、政治、出版などの活動を通じて、地球的ユートピアの実現を目指しています。

幸福の科学

一九八六年に立宗。信仰の対象は、地球系霊団の最高大霊、主エル・カンターレ。世界百六十カ国以上の国々に信者を持ち、全人類救済という尊い使命のもと、信者は、「愛」と「悟り」と「ユートピア建設」の教えの実践、伝道に励んでいます。

（二〇二一年十一月現在）

愛

幸福の科学の「愛」とは、与える愛です。これは、仏教の慈悲《じひ》や布施《ふせ》の精神と同じことです。信者は、仏法真理をお伝えすることを通して、多くの方に幸福な人生を送っていただくための活動に励んでいます。

悟り

「悟り」とは、自らが仏の子であることを知るということです。教学《きょうがく》や精神統一によって心を磨き、智慧《ちえ》を得て悩みを解決すると共に、天使・菩薩《ぼさつ》の境地を目指し、より多くの人を救える力を身につけていきます。

ユートピア建設

私たち人間は、地上に理想世界を建設するという尊い使命を持って生まれてきています。社会の悪を押しとどめ、善を推し進めるために、信者はさまざまな活動に積極的に参加しています。

国内外の世界で貧困や災害、心の病で苦しんでいる人々に対しては、現地メンバーや支援団体と連携して、物心両面にわたり、あらゆる手段で手を差し伸べています。

年間約２万人の自殺者を減らすため、全国各地で街頭キャンペーンを展開しています。

公式サイト **www.withyou-hs.net**

自殺防止相談窓口

受付時間　火～土:10～18時（祝日を含む）

TEL **03-5573-7707** メール **withyou-hs@happy-science.org**

ヘレン・ケラーを理想として活動する、ハンディキャップを持つ方とボランティアの会です。視聴覚障害者、肢体不自由な方々に仏法真理を学んでいただくための、さまざまなサポートをしています。

公式サイト **www.helen-hs.net**

入会のご案内

幸福の科学では、大川隆法総裁が説く仏法真理《ぶっぽうしんり》をもとに、「どうすれば幸福になれるのか、また、他の人を幸福にできるのか」を学び、実践しています。

入会

仏法真理を学んでみたい方へ

大川隆法総裁の教えを信じ、学ぼうとする方なら、どなたでも入会できます。入会された方には、『入会版「正心法語《しょうしんほうご》」』が授与されます。

ネット入会　入会ご希望の方はネットからも入会できます。

happy-science.jp/joinus

三帰《さんき》誓願《せいがん》

信仰をさらに深めたい方へ

仏弟子としてさらに信仰を深めたい方は、仏《ぶっ》・法《ぽう》・僧《そう》の三宝《さんぽう》への帰依を誓う「三帰誓願式」を受けることができます。三帰誓願者には、『仏説・正心法語』『祈願文《きがんもん》①』『祈願文②』『エル・カンターレへの祈り』が授与されます。

幸福の科学 サービスセンター
TEL 03-5793-1727
（受付時間／火～金:10～20時 土・日祝:10～18時（月曜を除く））

幸福の科学 公式サイト
happy-science.jp

ハッピー・サイエンス・ユニバーシティ

Happy Science University

ハッピー・サイエンス・ユニバーシティとは

ハッピー・サイエンス・ユニバーシティ（HSU）は、大川隆法総裁が設立された「現代の松下村塾」であり、「日本発の本格私学」です。建学の精神として「幸福の探究と新文明の創造」を掲げ、チャレンジ精神にあふれ、新時代を切り拓く人材の輩出を目指します。

人間幸福学部　経営成功学部　未来産業学部

HSU長生キャンパス TEL **0475-32-7770**

〒299-4325　千葉県長生郡長生村一松丙 4427-1

未来創造学部

HSU未来創造・東京キャンパス

TEL **03-3699-7707**

〒136-0076　東京都江東区南砂2-6-5　公式サイト **happy-science.university**

学校法人 幸福の科学学園

学校法人 幸福の科学学園は、幸福の科学の教育理念のもとにつくられた教育機関です。人間にとって最も大切な宗教教育の導入を通じて精神性を高めながら、ユートピア建設に貢献する人材輩出を目指しています。

幸福の科学学園

中学校・高等学校（那須本校）

2010年4月開校・栃木県那須郡（男女共学・全寮制）

TEL **0287-75-7777** 公式サイト **happy-science.ac.jp**

関西中学校・高等学校（関西校）

2013年4月開校・滋賀県大津市（男女共学・寮及び通学）

TEL **077-573-7774** 公式サイト **kansai.happy-science.ac.jp**

仏法真理塾「サクセスNo.1」

全国に本校・拠点・支部校を展開する、幸福の科学による信仰教育の機関です。小学生・中学生・高校生を対象に、信仰教育・徳育にウエイトを置きつつ、将来、社会人として活躍するための学力養成にも力を注いでいます。

TEL 03-5750-0751（東京本校）

エンゼルプランV

東京本校を中心に、全国に支部教室を展開。信仰をもとに幼児の心を豊かに育む情操教育を行い、子どもの個性を伸ばして天使に育てます。

TEL 03-5750-0757（東京本校）

エンゼル精舎

乳幼児が対象の、託児型の宗教教育施設。エル・カンターレ信仰をもとに、「皆、光の子だと信じられる子」を育みます。
（※参拝施設ではありません）

不登校児支援スクール「ネバー・マインド」

TEL 03-5750-1741

心の面からのアプローチを重視して、不登校の子供たちを支援しています。

ユー・アー・エンゼル！（あなたは天使！）運動

障害児の不安や悩みに取り組み、ご両親を励まし、勇気づける、障害児支援のボランティア運動を展開しています。

一般社団法人 ユー・アー・エンゼル
TEL 03-6426-7797

NPO活動支援

学校からのいじめ追放を目指し、さまざまな社会提言をしています。また、各地でのシンポジウムや学校への啓発ポスター掲示等に取り組む一般財団法人「いじめから子供を守ろうネットワーク」を支援しています。

公式サイト mamoro.org　ブログ blog.mamoro.org
相談窓口 TEL.03-5544-8989

百歳まで生きる会

「百歳まで生きる会」は、生涯現役人生を掲げ、友達づくり、生きがいづくりをめざしている幸福の科学のシニア信者の集まりです。

シニア・プラン21

生涯反省で人生を再生・新生し、希望に満ちた生涯現役人生を生きる仏法真理道場です。定期的に開催される研修には、年齢を問わず、多くの方が参加しています。
全世界212カ所（国内197カ所、海外15カ所）で開校中。

【東京校】 TEL 03-6384-0778　FAX 03-6384-0779
メール senior-plan@kofuku-no-kagaku.or.jp

幸福実現党

内憂外患《ないゆうがいかん》の国難に立ち向かうべく、2009年5月に幸福実現党を立党しました。創立者である大川隆法党総裁の精神的指導のもと、宗教だけでは解決できない問題に取り組み、幸福を具体化するための力になっています。

幸福実現党 釈量子サイト shaku-ryoko.net
Twitter 釈量子@shakuryokoで検索

党の機関紙
「幸福実現党NEWS」

幸福実現党 党員募集中

あなたも幸福を実現する政治に参画しませんか。

○幸福実現党の理念と綱領、政策に賛同する18歳以上の方なら、どなたでも参加いただけます。

○党費:正党員(年額5千円[学生 年額2千円])、特別党員(年額10万円以上)、家族党員(年額2千円)

○党員資格は党費を入金された日から1年間です。

○正党員、特別党員の皆様には機関紙「幸福実現党NEWS(党員版)」(不定期発行)が送付されます。

＊申込書は、下記、幸福実現党公式サイトでダウンロードできます。
住所:〒107-0052 東京都港区赤坂2-10-8 6階 幸福実現党本部
TEL 03-6441-0754 FAX 03-6441-0764
公式サイト hr-party.jp

出版 メディア 芸能文化 幸福の科学グループ

幸福の科学出版

大川隆法総裁の仏法真理の書を中心に、ビジネス、自己啓発、小説など、さまざまなジャンルの書籍・雑誌を出版しています。他にも、映画事業、文学・学術発展のための振興事業、テレビ・ラジオ番組の提供など、幸福の科学文化を広げる事業を行っています。

アー・ユー・ハッピー?
are-you-happy.com

ザ・リバティ
the-liberty.com

幸福の科学出版
TEL **03-5573-7700**
公式サイト **irhpress.co.jp**

THE FACT
ザ・ファクト
マスコミが報道しない「事実」を世界に伝えるネット・オピニオン番組

YouTubeにて随時好評配信中!

ザ・ファクト 検索

NEW STAR PRODUCTION

ニュースター・プロダクション

「新時代の美」を創造する芸能プロダクションです。多くの方々に良き感化を与えられるような魅力あふれるタレントを世に送り出すべく、日々、活動しています。 公式サイト **newstarpro.co.jp**

ARI Production

ARI《アリ》 Production《プロダクション》

タレント一人ひとりの個性や魅力を引き出し、「新時代を創造するエンターテインメント」をコンセプトに、世の中に精神的価値のある作品を提供していく芸能プロダクションです。 公式サイト **aripro.co.jp**

大川隆法　講演会のご案内

大川隆法総裁の講演会が全国各地で開催されています。講演のなかでは、毎回、「世界教師」としての立場から、幸福な人生を生きるための心の教えをはじめ、世界各地で起きている宗教対立、紛争、国際政治や経済といった時事問題に対する指針など、日本と世界がさらなる繁栄の未来を実現するための道筋が示されています。

020年12月8日 さいたまスーパーアリーナ
"With Savior"(ウィズ・セイビア)―救世主と共に―」

2019年10月6日 ザ ウェスティン ハーバー キャッスル トロント(カナダ)
「The Reason We Are Here」

2019年12月17日 さいたまスーパーアリーナ
「新しき繁栄の時代へ」

2019年3月3日 グランド ハイアット 台北(台湾)
「愛は憎しみを超えて」

2019年7月5日 福岡国際センター
「人生に自信を持て」

講演会には、どなたでもご参加いただけます。
最新の講演会の開催情報はこちらへ。⟹

大川隆法総裁公式サイト
https://ryuho-okawa.org